智能网联汽车关键技术及应用丛书

INTELLIGENT
CONNECTED VEHICLE
智能网联汽车
车载网络技术

李志恒 朱海龙 著

人民交通出版社股份有限公司
北京

内 容 提 要

本书是"智能网联汽车关键技术及应用丛书"之一，主要内容包括汽车总线技术、车载以太网技术、车联网络技术、面向车路协同的融合通信网络技术和智能网联汽车网络仿真与试验验证系统。

本书可供智能交通和自动驾驶领域工程技术人员及管理部门专业人士使用，也可以供相关专业本科及以上学生作为教材使用。

图书在版编目(CIP)数据

智能网联汽车车载网络技术/李志恒,朱海龙著.—北京:人民交通出版社股份有限公司,2023.3（2024.12重印）
ISBN 978-7-114-18412-3

Ⅰ.①智… Ⅱ.①李… ②朱… Ⅲ.①汽车—智能通信网 Ⅳ.①U463.67

中国版本图书馆 CIP 数据核字(2022)第 252489 号

Zhineng Wanglian Qiche Chezai Wangluo Jishu

书　名：	智能网联汽车车载网络技术
著 作 者：	李志恒　朱海龙
责任编辑：	翁志新　戴慧莉
责任校对：	赵媛媛
责任印制：	刘高彤
出版发行：	人民交通出版社股份有限公司
地　　址：	(100011)北京市朝阳区安定门外外馆斜街 3 号
网　　址：	http://www.ccpcl.com.cn
销售电话：	(010)85285911
总 经 销：	人民交通出版社股份有限公司发行部
经　　销：	各地新华书店
印　　刷：	北京虎彩文化传播有限公司
开　　本：	787×1092　1/16
印　　张：	9.5
字　　数：	243 千
版　　次：	2023 年 3 月　第 1 版
印　　次：	2024 年 12 月　第 2 次印刷
书　　号：	ISBN 978-7-114-18412-3
定　　价：	69.00 元

(有印刷、装订质量问题的图书,由本公司负责调换)

智能网联汽车关键技术及应用丛书

编审委员会
（按姓氏拼音排序）

丁能根（北京航空航天大学）
龚建伟（北京理工大学）
谷远利（北京交通大学）
胡旭东（合肥工业大学）
柯南极（国家新能源汽车技术创新中心）
李志恒（清华大学深圳国际研究生院）
廖亚萍（北京航空航天大学）
马育林（安徽工程大学）
潘定海（国家新能源汽车技术创新中心）
谈东奎（合肥工业大学）
王朋成（北京航空航天大学）
王章宇（北京航空航天大学）
吴新开（北京航空航天大学）
余冰雁（中国信息通信研究院）
余贵珍（北京航空航天大学）
张　凯（清华大学深圳国际研究生院）
张启超（中国科学院自动化研究所）
赵冬斌（中国科学院自动化研究所）
周　彬（北京航空航天大学）
朱　波（合肥工业大学）
朱海龙（北京邮电大学）
朱圆恒（中国科学院自动化研究所）

FOREWORD 丛书前言

当今,在以智能化、网联化为重要特征的全球新一轮科技革命和产业变革的推动下,汽车产业已迈入工业4.0时代。智能网联汽车已成为全球汽车产业发展的战略方向。近年来,我国各部委及地方政府通过法规出台和标准制修订、开放道路测试、打造创新平台、鼓励示范应用等方式不断推动智能网联汽车行业创新发展。《交通强国建设纲要》《新能源汽车产业发展规划(2021—2035)》(国办发〔2020〕39号)、《智能汽车创新发展战略》(发改产业〔2020〕202号)、《车联网(智能网联汽车)产业发展行动计划》(工信部科〔2018〕283号)以及《节能与新能源汽车技术路线图2.0》等一系列顶层规划文件的发布,明确了我国智能网联汽车的发展方向和路径。智能网联汽车与交通系统、能源体系、城市运行和社会生活紧密结合,是一项集智慧城市、智慧交通和智能服务于一体的国家级重大系统工程,承载了我国经济战略转型、重点突破和构建未来创新型社会的重要使命。

为及时向科研界、产业界及社会公众传播最新的科研成果,进一步促进智能网联汽车行业创新发展,对智能网联汽车领域的前沿与关键技术进行系统性、高质量总结尤为必要。人民交通出版社股份有限公司作为以交通为特色的国家级科技图书出版机构,立足于"服务交通、服务社会"的宗旨,长期与两院院士以及交通和汽车行业知名学者、专家、教授在内的高素质作者队伍开展图书出版与知识服务合作,聚合了行业优质的作者资源,瞄准新一代信息通信技术、人工智能、智能制造等世界科技前沿,与国家新能源汽车技术创新中心合作,策划了本套"智能网联汽车关键技术及应用丛书",目前包括以下9个分册:

(1)《智能网联汽车环境感知技术》;
(2)《智能网联汽车车载网络技术》;
(3)《智能网联汽车无线通信技术》;
(4)《智能网联汽车高精度定位技术》;

(5)《智能网联汽车交通大数据处理与分析技术》；

(6)《智能网联汽车决策控制技术》；

(7)《智能网联汽车信息安全技术》；

(8)《智能网联汽车测试与评价技术》；

(9)《智能网联汽车高级别自动驾驶技术应用》。

本丛书依据智能网联汽车"三横两纵"技术架构[①]进行体系设计，涵盖了智能网联汽车领域一系列关键技术与应用，作为高端学术著作，将充分反映智能网联汽车领域的前沿技术和最新成果。另外，本丛书编审成员均为国内知名科研单位和高等院校的专家学者和一线科研人员，均具有较强的学术造诣和丰富的科研经验，并掌握大量的最新技术资料，将确保本丛书的高学术价值。

希望本丛书的出版能够助推新一代移动通信技术、互联网、大数据、云平台、人工智能等先进技术与汽车产业和交通行业深度融合，为我国相关企业、科研单位和高等院校智能网联汽车相关科研人员、工程技术人员提供强有力的智力支持，进而有效推动我国智能网联汽车产业的高质量发展，助力交通强国和汽车强国建设。

诚望广大读者对本丛书提出宝贵的改进意见和建议，随后我们将持续关注智能网联汽车相关技术的发展，不断修订和完善本丛书。

智能网联汽车关键技术及应用丛书编审委员会
2022 年 7 月

[①] 在智能网联汽车"三横两纵"技术架构中："三横"是指智能网联汽车主要涉及的车辆关键技术、信息交互关键技术和基础支撑关键技术；"两纵"是指支撑智能网联汽车发展的车载平台和基础设施。

前 言

1885年，第一辆汽车诞生。1895年，人类发明了无线电。在跨越一个世纪的发展历程中，汽车和信息技术的深度融合推动着汽车文明的高度发展。时至今日，5G、人工智能、边缘计算等技术推动了汽车朝着自动驾驶的方向高速发展，汽车逐渐变为具备智能的移动生活空间。但迄今为止，自动驾驶重点关注智能算法的不断升级完善，而与之配套的车载信息架构的变革仍旧处于研究的起步阶段。当全车信息流量将从日均MB量级跃升为TB量级时，车载信息架构面临脱胎换骨的变化。因此，笔者结合近年的研究经验，对车载网络技术进行了一番梳理，可以帮助读者较全面地了解车载网络发展的历史脉络和重要的相关技术，以便为相关研究人员提供一些参考。

如果将车载网络承载流量业务的量级作为一个分水岭的话，本书将车内网络通信技术区分为传统的总线技术和汽车以太网技术。总线技术可以认为是承载以信号为主的小流量业务技术，主要包含CAN、LIN、MOST等相关技术，汽车以太网络技术则是继承了以太网的发展生态，能面对大流量量级跃升的技术，其中，时间敏感网络作为近年来研究的热点，则是保证在大流量冲击下保证车载信息实时性、可靠性的关键，本书也做了详细的梳理。智能驾驶环境下，车载网络技术也将不再局限于车内信号数据的传输，车内车外的具备统一标准的数据流动将变得越来越重要。因此，笔者认为，车联网可以被看作是车载网络的外延，尤其是V2X等技术的发展将车辆本身无缝融合进入整个车联网环境也是一个重要趋势，为此，本书单独成章详细描述了车联网的先进技术。但在详细了解车载网络技术和车联网络技术中，亦会发现当前技术还是存在些许的割裂和空白，所以，如何充分发挥车载网络技术令其在车联网的浪潮中发挥更大的作用，也是留给笔者继续研究和留给读者思考的一个问题。本书中，我们初步尝试引入车载网络仿真和车联网仿真的两样工具，提出帮助读者进行车载网络和车联网络设计的方法。

本书由清华大学深圳国际研究生院李志恒副教授和北京邮电大学朱海龙副教授共同撰写。李志恒副教授长期从事智能网联汽车、智慧交通领域研究，朱海龙副教授长期从事网络通信、车联网领域研究。在本书撰写过程中，李志恒副教授负责架构的统筹规划和修订并撰写了绪论、第1章和第5章，朱海龙副教授撰写了第2章、第3章和第4章。由于车载网络还在不断发展，随着智能网联汽车不断进步，对其功能和性能的要求不断提高,将会出现新的理论和方法,加之本书作者编写时间有限,书中难免有不妥之处,敬请广大读者指正。

  本著作的完成是集体智慧的结晶,除作者李志恒、朱海龙外,清华大学深圳国际研究生院研究生周蔚、张诚民、郭梦雪,北京邮电大学研究生鲁京京、刘琨、崔华格、陈小虎、黄之秋,以及网络通信与安全紫金实验室的张华宇、严园园、李庆,也做了大量的工作,在此表示衷心感谢!书中参阅了大量的国内外文献,引述文献已尽量予以标注,但难免存在疏漏,在此对各文献作者一并致谢!

作 者
2022 年 6 月

CONTENTS 目 录

绪论 ··· 001
- 0.1 车载网络定义、内涵及发展简介 ·· 001
- 0.2 智能汽车对车载网络新需求 ·· 003
- 0.3 车联网发展趋势 ·· 004

第1章 汽车总线技术 ··· 008
- 1.1 汽车总线分类 ··· 008
- 1.2 常见汽车总线 ··· 010
- 1.3 汽车总线应用场景 ··· 037

第2章 车载以太网技术 ·· 041
- 2.1 车载以太网体系架构 ·· 043
- 2.2 车载以太网时钟同步技术 ··· 045
- 2.3 车载以太网流量调度技术 ··· 053
- 2.4 车载以太网流量控制与管理技术 ·· 068
- 2.5 车载以太网可靠性技术 ··· 071
- 2.6 车载以太网应用场景 ·· 073

第3章 车联网络技术 ··· 075
- 3.1 车联网络体系架构 ··· 075
- 3.2 短程通信技术概述 ··· 078
- 3.3 基于蜂窝网络的车用无线网络技术 ·· 081
- 3.4 车联网络应用场景 ··· 097

第 4 章　面向车路协同的融合通信网络技术 ……………………………… 103
4.1　融合通信网络体系架构 …………………………………………… 104
4.2　车辆自组网融合通信技术 ………………………………………… 107
4.3　车载融合通信技术 ………………………………………………… 126

第 5 章　智能网联汽车网络仿真与试验验证系统 ……………………… 129
5.1　车载网络仿真与试验验证系统 …………………………………… 129
5.2　车联网络仿真与试验验证系统 …………………………………… 134

参考文献 …………………………………………………………………… 140

绪 论

当前，汽车产业正经历着百年来最深刻的变革。随着新一代信息通信、人工智能、互联网等技术与汽车行业深度融合，汽车已经进入技术快速演进、产业加速布局的新阶段。

智能网联汽车（Intelligent Connected Vehicle, ICV），是指车联网与智能汽车有机联合的新一代汽车，它搭载先进的车载传感器、控制器、执行器等装置，并融合现代通信与网络技术，实现车与人、车、路、后台等智能信息交换共享，实现安全、舒适、节能、高效行驶，并最终可替代人的驾驶操作。智能汽车是指通过搭载先进的电控系统，采用人工智能、信息通信、大数据、云计算等新技术，具备半自动或全自动驾驶功能，从简单交通运输工具向智能移动载体变化的新型汽车。车联网是借助全新的信息和通信技术，实现车内、车与外部（车、路、人、云等）连接的网络体系，提高车辆的智能化和自动化，打造全新的交通服务模式，提升交通效率，改善驾乘体验，为使用者提供更安全、更便捷的综合服务，其特点是网络化、智能化、服务新业态。二者相辅相成，不可分割，因此，将智能汽车和车联网的集合体称为智能网联汽车。

0.1 车载网络定义、内涵及发展简介

0.1.1 车载网络定义

车载网络脱胎于汽车电子电气系统，后者又是对汽车电气系统的更迭和取代，要理解三者在功能上的关联，必须理解汽车中控制的概念。

汽车系统的控制是指汽车在工作周期中执行流程动作的同时发生所需信息传递和处理。汽车作为一个动力系统，有很大一部分的运转是周期性的。这种周期性的控制信息主要靠机械机构传达，例如，正时系统调节曲柄连杆机构与进排气机构行动上的统一，机械机构可以实现小空间范围内简单的控制循环。对于汽车的非周期性的工作，也就是加速变道、转向等的复杂动作，则是由驾驶人发出指令来实现，这种控制通常需要电气系统来传递和控制信息。电气系统设计的笨重与布线结构的有限，决定了车内工程信息技术进一步发展的可能，当半导体技术、集成化芯片技术横空出世时，集成的电子处理系统取代了电气系统，电气系统的控制端到被控制端之间复杂的控制元件就被简单的一个小芯片取代了，实现了控制系统与传递信息系统的分离，控制的复杂程度和精度也由此提高。汽车的信息控制系统分化为两个方面，信息控制系统实现了点到点之间的结构框架。

随着电控系统的日益复杂以及对汽车内部控制功能电控单元相互之间通信能力要求的

日益提高,采用点对点的链接会使得车内线束增多,这样在考虑内部通信的可靠性、安全性以及重量方面都给汽车设计和制造带来了很大的困扰。因此,为了减少车内连线、实现数据的共享和快速交换,同时提高可靠性等,在快速发展的计算机网络上实现控制器局域网络(Controller Area Network,CAN)、内部互联网络(Local Interconnect Network,LIN)、FlexRay、面向媒体的系统传输(Media Oriented Systems Transport,MOST)等基础构造的汽车电子网络系统即车载网络。车载网络是汽车内部传感器、控制和执行器之间的通信互联的网状结构。

0.1.2 车载网络的内涵

(1)CAN 总线。

CAN 总线是德国博世公司从 20 世纪 80 年代初为解决现代汽车中众多的控制与测试仪器之间的数据交换而开发的一种串行数据通信协议,它是一种多主总线,具有以下特点:

①通信介质可以是双绞线、同轴电缆或光导纤维;

②数据通信没有主从之分,任意一个节点可以向任何其他(一个或多个)节点发起数据通信,靠各个节点信息优先级先后顺序来决定通信次序;

③多个节点同时发起通信时,优先级低的避让优先级高的,不会对通信线路造成拥塞;

④通信距离最远可达 10km(速率低于 5kbit/s),速率可达到 1Mbit/s(通信距离小于 40m)。CAN 总线适用于大数据量短距离通信或者小数据量长距离距离的场景中,也适用于实时性要求比较高、多主多从或者各个节点平等的场景中。

(2)LIN 总线。

LIN 总线是由 LIN 协会制定的一套开放的低成本标准,该协会最初由宝马、沃尔沃、奥迪、大众、戴姆勒-克莱斯勒、摩托罗拉和博世等公司发起。LIN 标准包括了传输协议的定义、传输媒质、开发工具间的接口,以及和软件应用程序间的接口。LIN 提升了系统结构的灵活性,并且无论从硬件还是软件角度而言,都为网络中的节点提供了相互操作性,并可获得更好的电磁兼容(EMC)特性。LIN 补充了当前的车辆内部多重网络,并且为实现车内网络的分级提供了条件,这有助于车辆获得更好的性能并降低成本。LIN 协议致力于满足分布式系统中快速增长的对软件的复杂性、可实现性、可维护性所提出的要求,它将通过提供一系列高度自动化的工具链来满足这一要求。

(3)FlexRay。

FlexRay 是由 FlexRay 联盟推进的新一代汽车内部网络通信协议,主要关注汽车电子核心需求,包括更快的数据速率、更灵活的数据通信、更全面的拓扑选择和容错运算等。因此,FlexRay 可以为下一代的车内控制系统提供所需的速度和可靠性。CAN 网络最高性能极限通信速率为 1Mbit/s。LIN 最高性能极限通信速率为 20kbit/s。而 FlexRay 两个信道上的数据速率最大可达到 10Mbit/s,总数据速率可达到 20Mbit/s,因此,应用在车载网络,FlexRay 的网络带宽可能是 CAN 的 20 倍之多。FlexRay 不仅可以像 CAN 和 LIN 网络这样的单信道系统一般运行,而且还可以作为一个双信道系统运行。双信道系统可以通过冗余网络传输数据,这也是高可靠系统的一项重要性能。

(4)MOST。

MOST 是在汽车制造商和供应商中越来越受推崇的一种网络标准。MOST 网络以光纤为载体,通常是环型拓扑。MOST 可提供高达 25Mbit/s 的集合带宽,远远高于传统汽车网络。也就是说,MOST 可以同时播放 15 个不同的音频流,因此,主要应用在汽车信息娱乐系统。

0.1.3 车载网络技术发展趋势

CAN 现场总线技术是工业级别的对汽车控制系统的数据总线,有比较高的数据传输速度和很好的容错性,高速级别可以是电子控制单元(Electronic Control Unit,ECU)、防抱死制动系统(Antilock Brake System,ABS)等关键动力、安全系统的组成部分,低速级别主要控制仪表和防盗,是汽车上应用最广泛的数据总线技术。LIN 作为低成本的数据总线技术,主要应用在车身以及附带的车内部件,诸如空调、车门、照明、车椅等装配元件。MOST 是针对车内多媒体环境的服务的数据总线技术,具有传输数据量大、传输速度快等特点。

数据总线技术的发展以面向更加丰富的汽车服务市场为动机,以各大车企联合制定、联合研发,以联盟标准为标准化,推动技术的进展。技术协议、接口等标准都是通过大型车企联合制定的,联盟标准化是车载网络系统的发展趋势之一。

技术进步总是由业务需求驱动的,车载网络也是如此。传统汽车线束的结构相对简单,控制器连接到同一个设备,并且彼此不干扰。然而,随着消费者对汽车功能需求的增加,汽车中 ECU 的数量逐渐增加,并且 ECU 之间的信息交换变得更加复杂。此外,随着自动数据采集系统的普及,不仅越来越多的传感器被集成到汽车中,车载摄像机和娱乐系统对车载网络的带宽和延迟时间也提出了更高的要求。

车载以太网是一种连接车内电子单元的新型局域网技术,与普通民用以太网使用 4 对非屏蔽双绞线电缆不同,车载以太网在单对非屏蔽双绞线上可实现 100Mbit/s 甚至 1Gbit/s 的数据传输速率,同时满足汽车行业高可靠性、低电磁辐射、低功耗、带宽分配、低延迟以及同步实时性等方面的要求。

目前,占主流的车载网络标准 CAN、LIN 及 FlexRay 以及面向媒体的系统传输标准 MOST 等,都具有浓重的"汽车行业"色彩,导致其应用的局限性。反之,以太网是一种简单、成熟的开放标准,基于以太网的应用极大地降低了应用成本。

0.2 智能汽车对车载网络新需求

目前,智能电子产品与车载设备之间的交互越来越多。随着云服务的普及,拥有先进驾驶辅助系统(Advanced Driving Assistance System,ADAS)的新信息平台,车道偏离检测、驾驶人意图预测、信息娱乐设备等智能视觉安全应用,已经主导了新一代汽车电子的发展趋势。将以太网应用于汽车的优势不仅在于它可以以不同的方式传输车辆数据,而且以太网作为一种可以不断更新和发展的技术,具有更好地适应未来的能力。在经历了标准以太网(10Mbit/s)、快速以太网(100Mbit/s)和千兆以太网的推广和发展后,以太网仍在不断迭代地自我升级。在支持带宽持续增长的同时,它仍然保持与原始系统的兼容性。与传统总线如 CAN 和 MOST 相比,以太网可以采用更灵活的星形连接架构,使每条链路可以享受 100Mbps 甚至更高的带宽(IEEEP802.3bp RTPGE 标准,而 RTPGG 的目标是用少于 4 对信号线实现 1Gbit/s 的传输速度）。

与传统的点对点网络链路系统相比，基于总线的网络是一项重大的技术改进。然而，随着时间的推移，车辆将增加新的子系统，电子控制单元数量的增加会导致带宽消耗的显著增加。传统车辆控制应用所需的带宽通常较低，带宽问题尚未引起广泛关注。引入信息娱乐系统和基于视频的先进驾驶辅助系统（ADAS）后，这些应用程序与传统控制系统相比，数据传输带宽要求有了显著提高，车载以太网的高带宽功能将越来越得到体现。

在万物互联的大趋势下，汽车也慢慢变成了互联网的一部分，很多汽车中都配备了 4G/Wi-Fi。通过联网，用户和汽车厂商可以对汽车中的电子设备的软件进行 OTA 升级，对汽车进行远程诊断和状态监控。同时，车内设备也可以通过互联网获得实时交通信息和娱乐信息，这些数据的交互都需要更高的车内总线带宽。自动驾驶的实现，必须依赖于大量的传感器（例如毫米波雷达、激光雷达、摄像头），这些传感器数据的传输和处理也依赖于更高的车内总线带宽。除此以外，还有广义的汽车智能网联的应用，需支持多种系统和设备，同时需具备内、外网络聚合能力，车载网络必须是可扩展的，具有良好的兼容性。因此，车载以太网在实现和创新车内应用过程中，标准化是一个重要的驱动因素。各汽车厂商依据标准来设计，不仅可以缩短产品的上市时间，而且还能保证产品的可用性、生命周期、升级能力以及互操作性。

尽管以太网被定义为下一代车载网络技术，但短期内无法全部取代现有车载网络，其在汽车行业上的应用，需要一个循序渐进的技术演进过程。依据车载以太网在汽车网络上的应用过程，大致可分为三个阶段的演进过程：局域网阶段、子网阶段、多子网阶段。

在局域网阶段，车载以太网技术可以单独应用于子系统，实现子系统功能，如基于 DoIP 协议的 OBD 诊断、基于 IP 协议的摄像头等；在子网阶段，可以集成一些子系统，构建车载以太网子系统，实现各个子系统的功能，如基于 AVB 协议的多媒体娱乐和显示系统、ADAS 系统等；在多子网阶段，集成了多个子网，车载以太网作为车载主干网，集成了整车各领域的功能，如动力、底盘、车身、娱乐等。形成车载以太网架构，实现车载以太网在车载网络的全面应用。

0.3 车联网发展趋势

车载网络实现车内信息的交流，做到了汽车工程和人车之间信息互动。那么，车联网（Vehicle to Everything, V2X）就是汽车向外交流，逐渐成为可沟通的交通单元的趋势技术。如果没有 V2X 等技术，车内外的信息交流只能局限于汽车窗口、风窗玻璃、后视镜等通过驾驶人员反应支持，这通常是交通问题频发的信息通道短板，信息通道局限于镜像、透明玻璃等。

V2X 可以充当驾驶人的第二双眼睛，对周围的驾驶环境进行感知与定位，V2X 是正在发展中的技术，其强调了汽车与其他事物之间的密切交流，可以与环境交互的汽车将有更强大的安全性。车载网络技术的发展也说明了汽车产业在满足市场需求的同时，也在不断深化汽车本身在消费者生活中的地位。汽车工程技术不仅仅是关于速度、里程的技术，更是关于安全与美的技术。

车联网技术不能单独谈联网技术,需要结合智能汽车技术和通信网络技术才能得到深刻认识。

人类最早对车辆感知力的改造源自对人体特别是眼睛的认识。对光的感知,不正是人眼认识世界的基础吗?当车拥有这样的能力,也就获得了最初级的智能。不过,人们很快意识到提升单车智能的局限,对车载网络的改造极大加速了智能驾驶技术的发展。智能汽车的进化从一开始就与通信技术的进步密不可分。

无线电技术诞生之初,人们就尝试将其用到车上,希望利用其长距信号传输能力,让遥控车成为可能。受制于信号易受干扰的问题,无线电控制汽车必须配备一个操作员来发送操纵指令,同时实时监控和处置汽车可能遇到的情况。从这个角度来说,无人驾驶的"安全员"概念其实也早早地就萌芽了。

1925 年,霍迪纳无线电控制公司创始人、美国陆军前工程师 Francis P. Houdina 终于研制出了一辆无线电操纵汽车。这辆车通过在车辆后座安装无线电接收天线并配置一系列小型电动机执行控制,Houdina 坐在后方装有发射器的车上发射无线电信号,就能控制该车辆起动、转向、制动、加速、按喇叭等。在 1939 年纽约世博会中,工程师们就提出了未来汽车在高速公路和城市里自动驾驶的场景。1977 年,日本开发出了第一个基于摄像头检测导航信息的自动驾驶汽车。这辆车内配备了两个摄像头,并用模拟计算机技术进行信号处理,但需要高架轨道的辅助。这是所知最早开始使用视觉设备进行无人驾驶的尝试。

1989 年,卡内基梅隆大学率先使用神经网络来引导控制自动驾驶汽车,由此发展形成了现代控制策略的基础。同一年,日本的科学家们提出了道路—汽车通信系统(Road/Automobile Communication Systems,RACS),主要提供车辆和路边固定位置设备间的 V2I 通信,但通信距离较短,其功能在于向行驶车辆提供可靠的导航辅助、信息分发服务和双向通信服务。

到了 20 世纪 90 年代,越来越多的便携式计算设备、摄像头、卫星导航设备被运用来增强车辆的自动驾驶能力。2009 年,谷歌开始了无人驾驶汽车项目,至此迈进了现代智能汽车的高速发展时代。

0.3.1　传感器技术

传感器包括视觉传感器、超声波雷达、毫米波雷达和激光雷达等。视觉传感器通过模拟人的眼睛,利用环视摄像头合成汽车周围近距离的环境图像,单目摄像头通过调整焦距生成远距离图像。在视觉传感器中,摄像头的优势是能识别平面事物,尤其是色彩和文字标识,比如路口红绿灯或限速指示牌,也可和其他传感器互为备用(部分传感器故障),增加准确度和提高安全系数。超声波雷达可以通过发射超声波和反射波辨别汽车到物体的距离。毫米波雷达和激光雷达基本原理也是通过电磁波或光波遇到障碍后的反射信号,实时计算出汽车与障碍物的距离和相对速度,汽车车头与车尾安装的 77GHz 雷达能实时探测其他车辆的速度,并通过增加摄像头等传感器冗余度来提升安全系数。

0.3.2　高精度地图

位置信息精度越高,车联网相关业务成功率、安全性、可靠性越高,比如网联车精准停靠业务,其精度往往需要达到厘米级。在室外无遮挡场景下,通常采用的高精定位方法包括卫星导航系统(中国北斗、美国 GPS、欧洲伽利略、俄罗斯 GLONASS),和基于无线微蜂窝网络的 AOA 和 TOA 定位方法。而定位技术在卫星遮挡或受到干扰情况下更为复杂,为满足隧道或室内遮挡场景下定位性能要求,近年来,相关企业、高校科研机构经过不断探索研究,市场导航方法已经多元化,比如利用蓝牙、WLAN 等无线网络来实现遮挡场景下移动终端的定位技术,其定位精度可达米级,而采用超宽带技术甚至可达 0.1 米级精度,但需要布放大量的基础射频器件。部分商用市场采用综合定位方法比如 GPS + 惯性导航、GPS + 高精地图 + 摄像头识别算法(特征物匹配)等相关技术,精准度、复杂度与经济性之间的平衡,也是室内定位系统开发的难点。

0.3.3 高性能芯片

高性能芯片对多路高码率图像以及各种辅助信息实时的处理运算能力决定了车辆智能网联的性能。与普通消费类电子芯片相比,车载芯片对可靠性要求高,不仅对不良率和工作环境温度要求高,并且在设计周期和供货保障期上也更加长。目前,国际主流车载芯片厂商包括 NXP、海思等。

0.3.4 V2X 通信技术

V2X 是指车与车(Vehicle-To-Vehicle,V2V)、汽车与行人(Vehicle-To-Pedestrian,V2P)、汽车与道路基础设施(Vehicle-To-Infrastructure,V2I)以及汽车借助移动网络与云端(Vehicle-To-Network,V2N)进行信息交换的一种通信方式。其主要有两种路线:基于 Wi-Fi 改变和进化来的 DSRC 通信技术与基于边缘蜂窝网络的 C-V2X 通信技术。

0.3.5 云计算技术

云是基于硬件资源和软件资源的服务体系,为用户提供计算、网络和存储能力。云计算平台可以划分为三类:数据存储型云平台,数据处理云平台以及计算和数据存储处理兼顾的综合性云计算平台。

云计算平台一般具备如下特征:硬件管理对于使用者高度抽象,使用者如果需要某些应用程序或资源时,就向"云"发出指令,很快就会呈现结果,但用户不知道哪里的服务器和哪些主机提供的服务,隐匿相关实现细节,最终以整体的形式提供给客户。

智能网联汽车其本质是大型的移动终端,云计算平台为智能网联汽车决策系统稳定和安全运行提供了有力的支持。通过网络将庞大的计算处理程序自动分拆成无数个小的程序,再交由多部服务器所组成的庞大系统,经搜寻、计算分析之后将处理结果回传给用户。在车联网中,通过汽车采集到的数据十分庞大,便可以通过云计算技术对数据进行处理,然后在数秒之内回传给用户,满足使用者对响应时间和信息种类的要求。车辆状况、交通信息、天气预报、各种互联网服务等一系列的信息,都可以通过车载通信系统轻松获得,令出行变得方便快捷。

0.3.6 多接入边缘计算(Multi-access Edge Computing,MEC)

MEC 由边缘、核心和云数据中心三个部分组成。MEC 是把云平台从移动核心网络内部引入到移动接入网边缘,有利于拓展和延伸计算及存储资源。MEC 第三方提供了具备延迟非常低、带宽高、实时访问性强的云计算功能和在网络边缘进行 IT 服务条件。这些功能的实现和高性能的芯片以及虚拟存储技术密切相关。MEC 实现移动网络与移动应用的零距离，支持云服务应用场景。

0.3.7　射频识别技术（Radio Frequency Identification，RFID）

RFID 是一种非接触式的自动识别技术，它可以通过射频信号自动识别目标对象并获取相关的数据。RFID 是一种简单的无线系统，由阅读器和电子标签两个基本器件组成，可用于控制、检测和跟踪物体。目前，RFID 技术已经应用到生活的很多领域，它具有同时识别多个高速运动物体、读写距离远、数据存储量大、系统体积小、安全性好、安装简便、环境要求低等特点，因此，可以把 RFID 应用到车联网当中，可以轻松实现车联网中各节点对监测点的感知功能。

0.3.8　卫星定位导航技术

卫星定位导航系统具有全天候、高精度、自动化、实时性等特点，用户只需要一个终端，便可以实现定位和导航的目的。在车联网中，卫星定位导航系统可以为用户提供电子地图，实现定位和导航，是不可缺少的部分。

0.3.9　指纹识别技术

指纹识别技术主要用于车辆安全与防盗，能对驾驶人员进行身份识别，并能通过车联网将驾车人员的身份资料传送到相关人员或管理部门，防止非法驾驶、非法营运。

0.3.10　信息安全技术

智能车网联化应用的基础是低时延、高可靠通信网络，其推广将是物联网数量最大应用方向之一。车联网涉及人的生命财产安全和公共安全，其所关联的数据通信安全尤为重要。智能网联信息安全包括车辆本身的应用系统安全与密钥安全、路侧单元安全、云平台安全、网络传输安全、链接设备安全等。

为了全面保证智能网联汽车的信息安全，一方面强化顶层设计，通过发布指南、制定政策等手段规范行业行为，构建智能网联汽车信息安全防护体系，针对该项信息安全技术的研究与应用给予足够重视与支持，同时，确定研究课题，加强各部门的合作对关键性技术进行联合攻关。另一方面，以生命周期的角度强化该项防护研究工作，将关键芯片、软件、通信协议和系统应用等的创新视为重点工作内容，全面提高汽车云平台及应用软件等的安全防护技术水平。在国家级及企业级远程监控平台中，尽快导入信息安全监控模块，对于车辆、外部链接设备等安全隐患进行实时监控和预警，压制恶意攻击在系统内部网络的扩散传播，一经发现任何环节存在恶意攻击以及漏洞问题，则应第一时间进行安全防护处理，同时做好系统及技术的完善与升级，防止二次风险的产生。

第1章
汽车总线技术

1.1 汽车总线分类

车辆依据其组件的具体功能,通常被分解成若干个"控制域",如动力总成域、底盘域、车身域、辅助驾驶域、多媒体域等。在汽车电子系统中,这些不同的控制域对于车载网络通信的要求不同,其功能和通信需求的总结见表1-1,这种需求的差异也是导致目前不同控制域通信总线结构与协议差异化的主要原因。

汽车电子系统不同域对于通信的要求 表1-1

域	描 述	端到端延迟要求	带宽要求
动力总成	控制产生动力并将其用于车辆行驶的组件	<10μs	低
底盘	控制转向器、制动器和悬架	<10μs	低
车身	控制收音机、空调、车窗、座椅和灯光	<10ms	低
辅助驾驶	控制提高车辆安全性的系统	依据实际系统可选<250μs 或<1ms	20~100Mbit/s
多媒体	控制显示器及与驾驶人或乘客交互的界面	<10μs	不同系统有差别,但正在不断增加

传统控制域之间是相互独立的(无论是机械、电气还是计算机控制)。而随着汽车逐步向自动化、智能化推进,如今汽车上的各个域在保持着计算系统相对独立的同时,彼此之间有了更多的交互,需要传递大量的数据和控制等信息。这也对汽车电子电气系统的带宽、确定性时延以及架构提出了新的需求。

自总线技术被引入到汽车上以来,通信技术与车载环境具体需求不断碰撞,目前已经形成了适用于不同场合的多种汽车总线标准,如 CAN、LIN、FlexRay、MOST、时间触发协议(Time-Triggered Protocol,TTP)等。美国汽车工程师协会(Society of Automotive Engineers,SAE)依据不同通信协议的传输速度,将汽车网络总线分为 A、B、C、D 四类,见表1-2。

车载总线通信协议分类　　　　　　　　　　表 1-2

类别	通信速度	典型协议	应用范围
A 类	<10kbit/s	LIN	灯光、门锁、后视镜等
B 类	10~125kbit/s	低速 CAN	车身舒适性控制、显示仪表等
C 类	125kbit/s~1Mbit/s	高速 CAN	发动机控制、传动系统、ABS 制动系统、悬架系统、线控系统等
C 类	1~10Mbit/s	FlexRay、TTP	发动机控制、传动系统、ABS 制动系统、悬架系统、线控系统等
D 类	>10Mbit/s	MOST	汽车导航系统、多媒体娱乐系统

目前，汽车电子系统不同控制域对于通信协议的性能有了不同的要求。在汽车总线通信的设计中，除了充分满足对应系统通信要求，也需要控制车载网络的成本。因此，车载网络一般不会采用单一总线协议，而是会根据不同通信任务的具体要求，选择与其适配的通信协议，这也导致了目前多元化的车载总线技术体系。为了在采用各种协议的通信子网络之间进行通信，人们引入了网关作为子网络沟通的桥梁，并组成了多元化协议车载网络系统，如图 1-1 所示。因此，在目前以及可预见的未来，各个总线协议之间都将不单是竞争关系，而将会长期处于共存的局面。

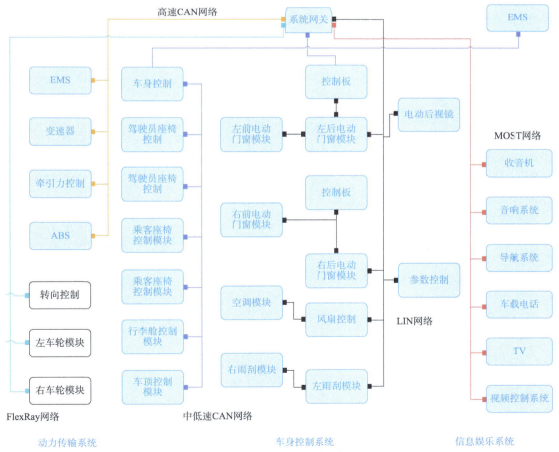

图 1-1　多种通信协议共存的汽车网络

1.2 常见汽车总线

1.2.1 CAN 总线

1.2.1.1 概述

CAN 最初由以研发和生产汽车电子产品著称的德国博世公司提出,并最终成为国际标准(ISO11519),是国际上应用最广泛的现场总线协议之一。CAN 总线协议已经成为计算机控制系统和嵌入式工业控制局域网的标准总线,甚至衍生以 CAN 为底层协议,专为大型货车和重工机械车辆设计的《SAEJ1939 协议》。近年来,CAN 具有高可靠性和良好的错误检测能力受到重视,因而,开始被广泛应用于环境温度恶劣、电磁辐射强及振动大的工业环境的控制之中。

在车载应用领域,汽车电子设备中常用的 CAN 总线共有三个版本。其中成本最低、速度最慢的是低速 CAN(SW-CAN),另外两种分别是容错 CAN(FT-CAN)和高速 CAN(HS-CAN)。低速 CAN 总线有自动休眠功能,CAN 总线可以让没有操作的节点进入节电模式,在需要的时候再由总线唤醒。高速 CAN 总线的速度可以达到 1Mbit/s,主要用于关键的实时系统,如发动机集中控制系统、ABS、巡航系统等。

近年来,一些汽车制造商也开始在标准 CAN 协议基础上二次开发,形成独有的 CAN 版本。例如,通用汽车公司在标准 CAN 的基础上,结合自己的通信协议并修改了部分软件,开发出了 GMCAN,使之易于兼容第三方开发工具。而一些芯片制造商也在对标准 CAN 进行改进,如在汽车熄火时降低 CAN 模块的功耗,以延长蓄电池寿命。

CAN 总线技术在汽车上的应用优势表现在以下方面。

(1)信息共享。采用 CAN 总线技术可以实现各 ECU 之间的信息共享,减少不必要的线束和传感器。例如,具有 CAN 总线接口的电喷发动机,可以向其他电器共享其采集的发动机转速、冷却液温度、机油压力、机油温度、油量瞬时流速等信息,这样一方面可省去额外的冷却液温度、机油压力、机油温度传感器,另一方面可以将这些数据显示在仪表上,便于驾驶人检查发动机运行工况,从而便于发动机的维护。

(2)减少线束。新型电子通信产品的出现对汽车的综合布线和信息共享提出了更高的要求,传统的电子系统大多采用点对点的单一通信方式,相互之间少有联系,这样必然造成庞大的布线系统。据统计,一辆采用传统布线方法的高档汽车中,其导线长度可达 2000m,电气节点达 1500 个,而且该数字大约每 10 年增长 1 倍,这种传统布线方法不能适应汽车的发展。而 CAN 总线可有效地减少线束,节省空间。例如,某车门-后视镜、摇窗机、门锁控制等采用传统布线需要 20~30 根,应用 CAN 总线后则只需要两根。

(3)关联控制。在一定事故状态下,需要对各 ECU 进行关联控制,这是传统汽车控制方法难以完成的。CAN 总线技术可以实现多 ECU 的实时关联控制。例如,在发生碰撞事故时,汽车上的多个气囊可通过 CAN 协调工作,它们通过传感器感受碰撞信号,通过 CAN 总线将传感器信号传送到一个中央处理器内,控制各安全气囊的启动弹出动作。

1.2.1.2 物理层

(1)闭环总线网络。CAN 总线采用的物理层通信网络是一种遵循 ISO11898 标准的高速、短距离"闭环网络"。总线由两根信号线构成，分别为 CAN_High 和 CAN_Low，两条信号线的终端各要求有一个 120Ω 的终端电阻，总线最大长度为 40m。

CAN 总线的结构如图 1-2 所示。

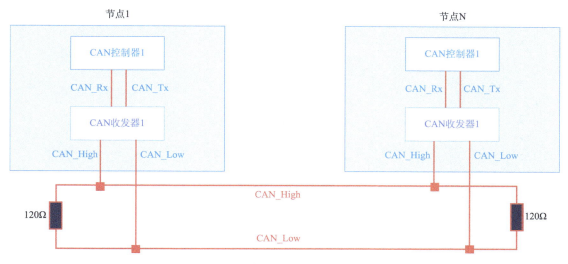

图 1-2　闭环总线网络示意图

CAN 总线上的电平共有两种逻辑状态——显性电平（逻辑 0）和隐性电平（逻辑 1），电平的划分是由两条信号线的差分电压来决定。CAN 协议中对 CAN_High 与 CAN_Low 间的差分信号与输出电平的关系做出了明确的规定，见表 1-3。

CAN 协议中差分信号与输出电平的关系规定　　　　　　　　　　表 1-3

信号	ISO11898（高速）						ISO11519_2（低速）					
	隐性（逻辑1）			显性（逻辑0）			隐性（逻辑1）			显性（逻辑0）		
	最小值	典型值	最大值	最小值	典型值	最大值	最小值	典型值	最大值	最小值	典型值	最大值
CAN_High(V)	2.0	2.5	3.0	2.75	3.5	4.5	1.6	1.75	1.9	3.85	4.0	5.0
CAN_Low(V)	2.0	2.5	3.0	0.5	1.5	2.25	3.10	3.25	3.4	0	1.0	1.15
High-Low电位差(V)	-0.5	0	0.05	1.5	2.0	3.0	-0.3	-1.5	—	0.3	3.0	—

图 1-3 以 ISO11898（高速）中的典型值为例，画出了逻辑信号分别为隐性电平与显性电平时的 CAN_High、CAN_Low 和差分信号电压情况。

CAN 总线上的电平呈现"线与"的特点，即当总线上不同的节点同时在总线上输出不同电平时，显性电平将会覆盖隐性电平。由于 CAN 总线只有一对差分线，所以，总线在同一时刻只能表示一个信号，显性电平对隐性电平的覆盖机制可以有效地消除总线上信号的冲突。这个覆盖机制也使得 CAN 通信是半双工的，即收发数据必须分开进行，在同一时刻，CAN 总线上挂接的所有通信节点中只能有一个节点发送信号，其余节点均为接收状态。

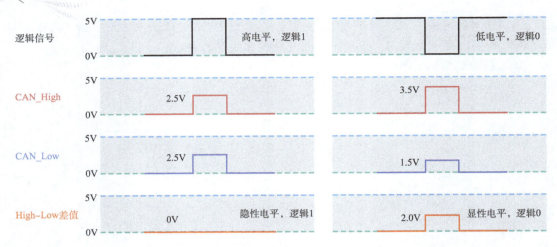

图 1-3　隐性与显性电平时的差分信号电压

（2）通信节点。CAN 总线上可以挂载多个通信节点，所有通信节点均通过两条线挂载在总线上，即一根 CAN_High 线和一根 CAN_Low 线（分别与总线的 CAN_High 和 CAN_Low 线相连接）。

实际的 CAN 通信节点通常由一个 CAN 控制器与 CAN 收发器组成，控制器与收发器之间通过 CAN_Tx 及 CAN_Rx 信号线相连，收发器与 CAN 总线之间使用 CAN_High 及 CAN_Low 信号线相连。其中，CAN_Tx 及 CAN_Rx 使用普通的 TTL 逻辑信号传递信息，而 CAN 收发器将 TTL 逻辑信号的信息转化为符合 CAN 总线电平标准的差分信号，实现节点与总线的交互。

本书将在后文 CAN 报文的帧格式介绍中提到，CAN 总线上传输的 CAN 报文不对节点地址编码，报文自身具备一个 ID 值作为节点识别报文内容的依据。因此，理论上 CAN 网络中节点个数不受限制，只要总线的负载足够，便可同时挂接无数个 CAN 节点，可以通过中继器增强总线负载能力。然而，这并不意味着 CAN 总线上节点越多越好，当节点数目过多时，节点间将出现大量冲突，由于 CAN 总线电平的覆盖机制，会导致优先级低的报文（CAN 的报文优先级依靠帧的 ID 判别）始终无法传输到总线上，这可能导致总线上错失一些关键的数据。

由于 CAN 总线的结构，所有节点都平等地挂接在总线上，这意味着所有节点都会收到所有总线上传输的消息。CAN 节点对于报文的处理也是依据报文的 ID，即各个节点只会挑选自己感兴趣的报文 ID 进行信息解读，而对于其他 ID 的报文"充耳不闻"，每个 CAN 节点感兴趣的 ID 表需要人为指定，同样，对于报文各个数据位的解读方式也是提前设置好的。

由于 CAN 总线不对节点编址，CAN 总线上的节点插入是非常灵活的。新的 CAN 节点只需默默地挂在总线上即可，而不需要像其他通过节点 ID 寻址的协议一样，需要将自己的 ID 通过广播公之于众，并更改其他的节点的转发表或路由表。然而，提升节点插入的灵活性也让 CAN 协议付出了代价，网络上任意一个节点都难以得知当前网络中究竟有几个节点、各个节点的工作状态究竟如何，这为 CAN 总线的节点管理带来了严重的不便。为了应对这个问题，一些应用层的 CAN 协议（如 CANOpen）被提出，在 CAN 协议的基础上扩展，配置了节点管理的功能。尽管这些改动的代价是打破了节点之间的平等地位，同时限制了最大挂接的节点数目,但对于一些需要严格的节点管理机制的车载总线网络而言,这样的代价是值得的。

1.2.1.3 协议层

(1)CAN 数据位的时序分解。CAN 协议把每一个数据位的时序分解成四段:同步段(Synchronization Segment,SS)、传播时间段(Propagation Time Segment,PTS)、相位缓冲段1(Phase Buffer Segment1,PBS1)、相位缓冲段2(Phase Buffer Segment2,PBS2),四段的长度之和即为一个 CAN 数据位的长度,如图1-4所示。CAN 数据位时序分解后最小的时间单位称为时间份额(Time Quantum,Tq)。CAN 的信号采样点位于 PBS1 和 PBS2 之间,可以通过控制各段长度对采样点的位置进行偏移。

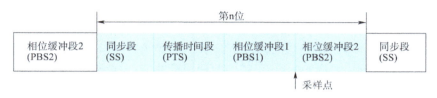

图1-4　CAN 数据位的时序分解

各段的具体作用分述如下。

①SS 段。SS 为同步段,若通信节点检测到总线上信号的跳变沿被包含在 SS 段的范围之内,则表示节点与总线的时序是同步的。当节点与总线同步时,采样点采集到的总线电平即可被确定为该位的电平。SS 段的大小固定为 $1Tq$。

②PTS 段。PTS 为传播时间段,这个时间段是用于补偿网络的物理延时时间,是总线上输入比较器延时和输出驱动器延时总和的两倍。PTS 段的大小可以为 $1\sim8Tq$。

③PBS1 段。PBS1 为相位缓冲段,主要用来补偿边沿阶段的误差,它的时间长度在重新同步的时候可以加长。PBS1 段的初始大小可以为 $1\sim8Tq$。

④PBS2 段。PBS2 为另一个相位缓冲段,也用来补偿边沿阶段误差,它的时间长度在重新同步时可以缩短。PBS2 段的初始大小可以为 $2\sim8Tq$。

一般情况下,一个数据位通常设置有 $8\sim25Tq$,对于总线系统,应该协调不同 ECU 中振荡器的频率,以保证可以产生一个全系统内均有效的时间份额。在确定了总线上数据位各个段各自的时间份额后,只需要约定总线 1 个 Tq 对应的时间长度,就能够确定 CAN 通信的比特率(每秒可传输的数据位)。

(2)CAN 通信的同步过程。CAN 通信的同步分为硬同步和重新同步两种,这两种同步都遵循以下规则:

①在一个位时间里只允许采用一种同步方式;

②如果在先前的采样点上检测到的数值与总线的数值信息不一致,会立即产生一个新的跳变沿进行数据同步;

③总线空闲期间,如果出现从隐性电平到显性电平的跳变,则须立即执行硬同步;

④符合规则①和规则②的所有从隐性电平到显性电平的跳变,都使用重新同步处理。

在总线执行硬同步后,总线内部的位时间将从同步段时间重新开始,因此,硬同步将强制使得由于硬同步引起的跳变仍处于重新开始的位时间同步段之内。

总线的重新同步依靠改变 PBS1 和 PBS2 的长度实现。在一次重新同步中，PBS1 或 PBS2 需要变化的时间长度称为重新同步跳转宽度（Resynchronization Jump Width，RJW）。在重新同步过程中，如果相位误差为正，需要将 PBS1 段延长 RJW 的长度；如果相位误差为负，需要将 PBS2 段缩短 RJW 的长度。

RJW 的上限需要预先设置。RJW 的上限一般不会设置得太大，因为这个值较大时，虽然可以吸收的误差更多，但代价是通信速度降低。在实际应用中，通常将 RJW 的上限设为小于 4Tq 的值，当同步所需的 RJW 大于这个上限时，需要分多次重新同步。

（3）CAN 的报文种类及结构。CAN 协议对数据、操作命令（读/写）及同步信号进行打包，即在原始数据段前面加上传输起始标签、片选标签和控制标签，在数据的尾段加上 CRC 校验标签、应答标签和传输结束标签。打包后的内容被称为报文，报文的最小传输单元称为帧。根据定义 CAN 帧的协议版本，当前的 CAN 网络中存在两种格式的 CAN 帧，即 CAN2.0A 标准格式的帧和 CAN2.0B 扩展格式的帧，二者的最大区别在于标识符位数。标准帧具有 11 位的标识符，而扩展帧有 29 位的标识符，扩展帧标识符的前 11 位与标准帧完全相同。所有的 CAN2.0B 设备均兼容 CAN2.0A 格式的帧。

根据消息帧在总线中的不同用途，可以将总线上的所有消息帧分为数据帧、远程帧、错误帧和过载帧四种类型。其中，数据帧主要用于传输数据；远程帧主要用于请求发送数据；错误帧主要用于识别错误；过载帧主要用于延迟下一个消息帧的发送。

①数据帧。数据帧用于节点的数据传输，主要由 7 个不同的位场构成，即帧起始、仲裁场、控制场、数据场、循环冗余校验（Cyclic Redundancy Check，CRC）场、应答场、帧结束，数据帧的帧格式如图 1-5 所示。

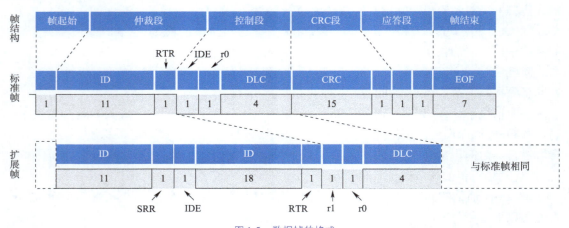

图 1-5　数据帧的格式

a. 帧起始。帧起始（Start of Frame，SOF）信号只有一个数据位（显性电平），它用于通知各个节点将有数据传输，其他节点通过帧起始信号的电平跳变沿来进行硬同步。

b. 仲裁场。当同时有两个以上通信节点准备发送报文的时候，总线通过仲裁段判定哪个报文可以被优先传送。实际上，这种判断是总线"线与"特性的体现，当两个节点同时发送报文时，先出现隐性电平的一方被覆盖后退出对总线的占用，这个过程宏观的体现就是总线判断出了哪个报文的优先级更高。由于 CAN 的逻辑 0 为显性电平，所以也可以看出，总线上ID号越小的节点发送报文的优先级越高。

仲裁场除了报文ID,还有远程请求位(Remote Transmission Request,RTR)用于区别数据帧和远程帧,数据帧为显性电平,远程帧为隐性电平;标识符扩展位(Identifier Extension,IDE)用于区分标准格式和扩展格式,标准帧为显性电平,扩展帧为隐性电平;替代远程请求位(Substitute Remote Request,SRR)只存在于扩展格式,替代标准格式的RTR位,在扩展帧中始终为隐性电平。

c. 控制场。控制场共6位,包括4位数据长度码(Data Length Code,DLC)和2位的保留位。DLC用于表示报文中数据段含有多少个字节(0~8字节),2个保留位默认值为显性电平。

d. 数据场。存储数据帧需要传输的数据,最多可以包含8个字节。

e. CRC场。CRC校验码,若节点算出的CRC与收到的不同,接收出错,此时,反馈出错信息,用远程帧请求重新发送数据。

f. 应答场。主要由两位应答位(应答间隙和应答界定符)。在应答场中,发送节点发两个隐性位,接收节点发一个显性位以示应答。

g. 帧结束。帧结束(End of Frame,EOF)使用连续7个隐性位表示。

② 远程帧。等待接收数据的CAN节点可以通过发送远程帧来要求其他节点发送相应的数据。远程帧主要由6个不同的位场构成,即帧起始、仲裁场、控制场、CRC场、应答场、帧结束。远程帧的结构与数据帧类似,二者区别在于没有数据场且RTR位为隐性电平。

③ 错误帧。错误帧用于向远端节点通知校验错误,请求重新发送上一个数据。错误帧由错误标志和错误界定符组成,如图1-6所示。当接收节点发现总线上的CAN报文有错误时,将自动发送6个连续的显性位作为错误标志;其他节点检测到错误标志后发送6个连续的隐性位作为错误认可标志。

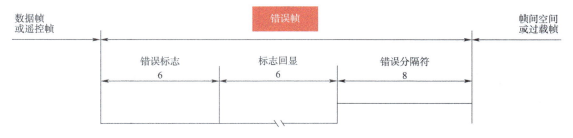

图1-6　错误帧的格式

由于各个CAN节点可能在不同的时刻发现错误,因此,CAN总线上错误标志最长可能达到12个显性位。当节点检测到错误标志后,会开始一直监视总线,直至发现一个电平的跳变,此时,所有节点均完成了错误标志的发送,所有节点都开始发送8个隐性位构成的错误界定符。

④ 过载帧。过载帧用于通知远端节点本节点尚未做好接收准备。过载帧包含两个位场:过载标志和过载界定符,过载标志用6个显性位组成,过载界定符由8个连续的隐性位组成,如图1-7所示。

1.2.1.4　非破坏性仲裁

由于CAN总线上所有节点的地位都是平等的,不存在进行复杂调度的主节点,因此,各个节点在任意时刻都有机会向总线上发送数据。但由于 CAN 总线是半双工的,任何时刻都至多只有一个节点可以发送报文,因此,需要设计一套仲裁机制,当总线上多个节点争相发言时决定发言权的归属。

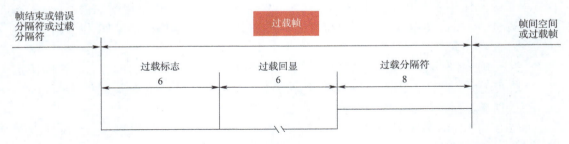

图 1-7 过载帧的格式

前文已提到,CAN 协议用显性电平表示逻辑 0,用隐性电平表示逻辑 1。得益于总线上"逻辑与"的机制,当不同节点发送不同电平时,显性电平将覆盖隐性电平,这将导致发送隐性电平的节点发送失败,而显性电平的发送不会受到影响。当节点检测到总线电平与自己所发送的电平不符时,转为监听模式,在随机一段时间后尝试下一次发送。

由于总线上不同的报文都具有特有的 ID,因此,上述仲裁过程只在仲裁段进行,当某个节点成功地将仲裁段数据发送完毕时,总线上其他节点必然已切换至了监听模式,该节点可以继续发送后面的数据。在上述仲裁机制下,ID 号越小的报文将具有更高的优先级,即出现仲裁时更有机会得到总线控制权,因此,在进行 CAN 总线设计时,应该将一些对于实时性等要求较高的数据的报文 ID 设置得尽量低。

综上所述,CAN 总线的仲裁机制只会打断优先级较低的报文,而对于某一时刻优先级最高的报文毫无影响,因此,也将这种仲裁机制称为非破坏性仲裁。

1.2.1.5 故障界定

为了保证 CAN 总线的稳定性和高可靠性,需要在总线上某个节点出现故障时及时发现并处理,以防止故障节点影响整个总线的通信。CAN 协议中制定了节点的故障界定策略线管理机制。

CAN 的故障界定策略为每个 CAN 节点配置了两个错误计数器,分别记录该节点发送和接收信息帧时的错误数目。根据所记录的错误数目,将 CAN 节点的状态分为三种:错误主动、错误被动和总线关闭。其中"错误主动"的节点可以正常地参与总线通信并在错误被检测到时发出主动错误标志;"错误被动"的节点不允许发送主动错误标志,但可以参与总线通信;"总线关闭"节点不允许对总线产生任何影响,但依然可以一直监视节点,在满足一定条件时可以重新被总线接受并设置为"错误主动"状态。

(1) CAN 的错误计数器的计数规则如下:

①接收器检测到一个错误时计数加 1,但在发送主动错误标志或过载标志期间所检测到的错误为位错误时,接收错误计数器值不加 1;

②接收器发送错误标志后,若接收器检测到的第一个位为显性时,接收错误计数值加 8;

③当发送器发送一个错误标志时,发送错误计数器值加 8;

④当发送主动错误标志或过载标志时,若发送器检测到位错误,则发送错误计数器值加 8;

⑤当发送主动错误标志或过载标志时,若接收器检测到位错误,则接收错误计数器值加8;

⑥发送主动错误标志、被动错误标志或过载标志以后,任何节点最多容许7个连续的显性位;若出现以下三种情况之一(检测到第14个连续的显性位后;检测到第8个跟随着被动错误标志的连续显性位后;在每一附加的8个连续显性位之后),每一发送器的发送错误计数值加8,每一接收器的接收错误计数值加8;

⑦报文成功传送后,即得到确认字符(Acknowledge character,ACK),且直到帧末尾结束都没有出现错误,则发送错误计数器值减1(最小值为0);

⑧若接收错误计数值介于1~127之间,在成功接收到报文后,即直到应答间隙接收没有错误,且成功发送了ACK位,则接收错误计数器值减1(最小值为0);

⑨若接收错误计数值大于127,在成功接收到报文后,接收错误计数器值会被设置为一个介于119~127之间的值。

(2) CAN节点在三种状态下切换的规则如图1-8所示,并概述如下:

①当节点的两个错误计数器(之一)的计数值大于等于128时,该节点被设置为"错误被动"状态;当两个计数器的计数值均小于128时,该节点恢复"错误主动"状态;

②当发送错误计数器值大于或等于256时,节点被设置为"总线关闭"状态;

③对于处于"总线关闭"的节点,当它监视到128次出现11个连续"隐性"位之后,节点被恢复为"错误主动"状态。

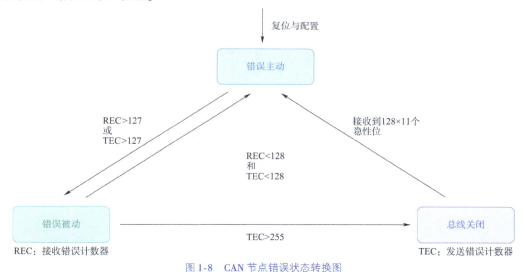

图1-8 CAN节点错误状态转换图

1.2.2 LIN总线

1.2.2.1 LIN总线概述

LIN总线是针对汽车分布式电子系统而定义的一种低成本的串行通信总线,是对CAN等其他汽车多路网络的一种补充,适用于对网络的带宽、性能或容错功能没有过高要求的应用。LIN总线基于SCI(UART)数据格式,采用单主控制器、多从设备的模式。

1998年10月,在德国巴登召开的汽车电子会议上首次提出LIN的设想。1999年LIN联盟成立(最初的成员包括奥迪、宝马、克莱斯勒、摩托罗拉、博世、大众和沃尔沃),LIN联盟的目标便是制定和实施满足汽车 A 类串行总线的开放式标准,同年 7 月发布 LIN1.0 协议。2001 年第一辆使用 LIN 总线的汽车下线。2003 年 9 月发布了目前正在使用的 2.0 版 LIN 协议。

LIN 协议是一种建立在通用的 SCI/UART 硬件接口上并将分布在车辆不同位置的智能传感器和执行器连接到车内主体网络的单总线、局部互连的串行通信协议。LIN 采用总线型拓扑,单主机多从机的访问方式,是一种面向底层的控制协议。LIN 对硬件的要求比较低,只要有 SCI 的单片机都可以作为 LIN 网络的从节点。

LIN 总线的主要特点如下:
(1)低成本的单线 12V 数据传输,具有标准的 UART/SCI 接口;
(2)采用单主机多从机的主从结构,无须总线仲裁机制;
(3)通信速率最高可达 20kbit/s;
(4)数据帧长度可变(2、4、8 字节),配置灵活;
(5)多点广播接收方式,从节点无须高精度振荡器,可实现自同步;
(6)无须改变 LIN 从节点的软硬件就可增加网络从节点;
(7)具有数据校验和错误检测机制;
(8)可检测网络中的故障节点。

1.2.2.2　LIN 协议的分层结构

LIN 定义了开放式系统互联通信协议中的物理层和数据链路层。物理层定义了总线、总线驱动和接收器的标准。数据链路层又分为逻辑链路控制(Logical Link Control,LLC)和媒体访问控制(Medium Access Control,MAC)。LLC 子层涉及报文滤波和恢复管理的功能。MAC 子层是 LIN 协议的核心。它管理从 LLC 子层收到的报文,也管理发送给 LLC 子层的报文,MAC 子层由故障界定的管理实体监控。LIN 的分层结构如图 1-9 所示。

图 1-9　LIN 协议的层次结构

1.2.2.3　物理层

(1)总线物理结构。LIN 的物理层是一条单线,因此,总线上只有一个传送位的单通道,各总线节点通过上拉电阻接入总线,如图 1-10 所示。LIN 从汽车电源获得 V_{BAT},与上拉电阻串联的三极管可以防止 ECU 在本地电源掉电的情况下,通过 LIN 总线上电。

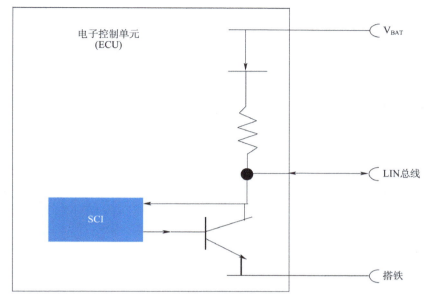

图 1-10　LIN 的物理层

(2) LIN 的拓扑结构。LIN 总线的拓扑结构为单线总线,采用单一主机多从机的结构,一个 LIN 网络最多可以连接 16 个节点,典型的应用场景中一般将节点数限制在 12 个以下。一个典型的 LIN 拓扑结构如图 1-11 所示。在汽车的应用环境中,LIN 网络通常不会独立存在,大多从属于 CAN 网络而以子网络的形式存在。在这种场景下,一般 LIN 子网络的主节点会兼任 CAN 网关的功能,从而实现与父网络的通信。

图 1-11　LIN 的拓扑结构

从 LIN 节点实现的具体任务而言,可分为主机任务(Master Task)和从机任务(Slave Task)两种。LIN 的主节点兼有主机任务、从机任务两种任务,而从节点只有从机任务。主机任务主要包括调度总线上帧的传输次序、监测数据、处理错误、作为标准时钟、接收从机节点发出的总线唤醒命令等。从机任务主要包括发送应答、传输数据、接受应答等。从机节点可以根据报文帧的帧头,判断是否需要对某个数据请求做出回应,也可以判断是否需要监听某个应答的数据。

(3) 信息路由。LIN 系统中,除了单主机节点的命名外,节点不使用有关系统配置的任何信息,这增强了系统的灵活性,即不需要额外配置或改变从机的软硬件即可在 LIN 网络中插入新的节点。LIN 中信息的传播是多播的,各个节点均可收到总线上的所有报文,而得益于报文滤波机制,各个节点可以自行决定是否对报文做出回应。

LIN 的通信是单主机的,由主机在主机任务中统一发出对其他节点的数据传输的请求,从节点在监听到相应报文头后选择是否回应。因此,LIN 的报文传输是没有仲裁过程的(不同于 CAN 的依靠显性电平覆盖低优先级报文的仲裁方式),当同时有多个节点对同一个报文头做出回应时,将产生传输错误,这种错误下的界定方式可由用户按照应用要求自行指定。

尽管 LIN 总线规范中没有规定总线允许的最大节点数,LIN 网络的节点数量会受到总线的物理特性的限制。一般而言,总线上的节点个数不应该超过 16 个。这是由于每一个增加的节点都会减小(约 3%)LIN 网络的网络阻抗,从而导致环境条件变差。此外,网络中的通信导线长度应小于或等于 40m。

1.2.2.4 协议层

(1) LIN 的字节场。LIN 的字节场格式采用 SCI 或 UART 串行数据格式(N81 编码)。每个字节场的长度是 10 个位定时(1bit 起始位 + 8bits 数据位 + 1bit 停止位),如图 1-12 所示。起始位是一个显性位,标志着字节场的开始。8 个数据位中低位在前。停止位是一个隐性位,标志着字节场的结束。LIN 报文帧中的同步、标识符场、数据场、校验和场都符合上述字节场的格式,如图 1-13 所示。

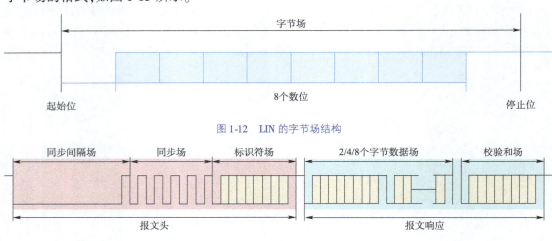

图 1-12　LIN 的字节场结构

图 1-13　LIN 的报文帧结构

(2) LIN 的帧结构。LIN 总线中的数据借助报文帧来传输,报文帧由报文头和报文响应组成(图 1-13)。报文头只能由主机任务发送,它包括同步间隔场、同步场和标识符场三个部分。同步间隔场是唯一不符合图 1-12 中字节场格式的场,它需要包含至少 13 个连续的显性位(低电平),标志着一个报文帧的开始。同步间隔场之后为同步场,同步场的逻辑值为 0x55,即 8 位同步场中高电平和低电平间隔出现,从机节点利用同步场来实现与主机节点的同步。标识符场在同步场之后,长度为 1 个字节。标识符场中前 6 位为标识符位,后两位为奇偶校验,共可组成 64 个标识符,其中,60 个用作一般报文传输、2 个用作诊断帧、1 个用作用户定义帧、1 个留作 LIN 扩展用。标识符后两位为奇偶校验位。LIN 的标识符场结构如图 1-14 所示,其中 ID4 和 ID5 是数据长度位,定义了报文场中数据的数量。标识符指出当前帧的内容,从机节点据此来确定自己是否应该对当前帧做出响应、做出何种响应。

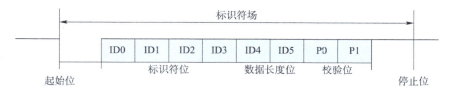

图 1-14 LIN 的标识符场结构

报文响应由从机任务发送,它由数据场和校验和场组成。数据场由报文帧所携带的数据组成,长度为 1~8 个字节,采用低位在前的方式发送。报文帧的最后为校验和场,长度为 1 个字节,LIN1.3 及其以前的规范版本中规定校验和场仅对数据场作校验,称为传统校验和;而 LIN2.0 规范中规定校验和场校验范围包括数据场和标识符场,称为增强校验和。

根据传输条件的不同,报文帧可分为无条件帧、触发帧、离散帧、诊断帧、用户定义帧和保留帧六种。LIN 总线上的所有通信都由主机节点中的主机任务发起,主机任务根据进度表来确定当前的通信内容,发送相应的帧头,并为报文帧分配帧通道。总线上的从机节点接收帧头之后,通过解读标识符来确定自己是否应该对当前通信做出响应、做出何种响应。基于这种报文滤波方式,LIN 可实现多种数据传输模式,且一个报文帧可以同时被多个节点接收利用,LIN 的工作过程如图 1-15 所示。

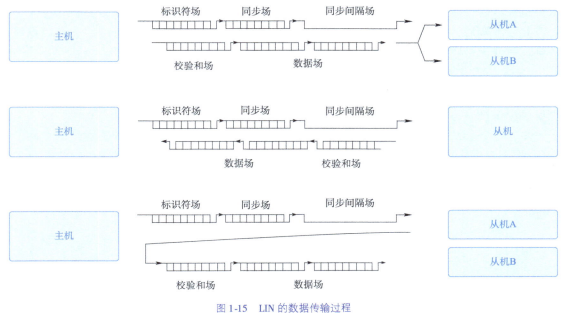

图 1-15 LIN 的数据传输过程

从传输数据的用途来看，LIN 总线上传输的两类数据可分为信号报文和诊断报文。诊断报文的输送是在具有两个保留标识符的帧里面完成的。对于数据场的判读取决于数据场本身以及通信节点的状态。

（3）帧槽与帧长度。每个预定的帧会在总线上分配一个槽。槽的间隙时间必须足够长，以便能够在最糟糕的情况下装载帧。输送一个帧的标定值必须与发送的比特数量相配，也就是说无响应空间、无字节空间且无帧间隙空间。

LIN 协议定义了最小帧长度、最大帧长度、最小帧头长度、最大帧头长度、最大空闲时间等，见表1-4。

表1-4 帧长度定义

时间	名字	时间（T_{bit}）
最小报文帧长度	T_{FRAME_MIN}	$10 \times N_{DATA} + 44$
最小报文头长度	T_{HARDER_MIN}	34
最大报文头长度	T_{HARDER_MAX}	$(T_{HARDER\_MIN} + 1) \times 1.4$
最大报文帧长度	T_{FRAME_MAX}	$(T_{FRAME\_MIN} + 1) \times 1.4$
总线空闲超时	T_{TIME_OUT}	25000

（4）总线睡眠与唤醒。在需要时，LIN 可由主机节点发送一个标识符为 0x3C 且数据场中首字节为 0 的诊断帧将所有从机节点置为睡眠状态。此外，如果总线在超过了总线空闲超时 T_{TIME_OUT} 的时间内没有任何活动，从机节点也将自动进入睡眠状态，以减小功耗。在睡眠模式下，总线电平呈隐性。

处于睡眠状态的 LIN 网络中的任何一个节点都可以请求唤醒总线，总线上的所有节点在接收到唤醒请求后应脱离睡眠状态并为接收总线命令做好准备。主机节点接收到唤醒请求后也被唤醒，并在从机节点准备好之后发送帧头，寻找唤醒原因。

总线唤醒后，内部的活动将重新启动，MAC 子层将等待系统振荡器稳定。从机节点需等到与总线活动同步后，方可重新参与总线通信。

（5）主从任务状态机。LIN 具有进度表机制。进度表负责调度网络各报文发送的顺序，需要在网络系统设计阶段确定，使得 LIN 的通信过程具有可预测性。LIN 的主机任务可以拥有多个进度表，并在不同的进度表之间切换。

主机任务和从机任务的具体流程可以用状态机的形式描述。主机任务负责生成正确的帧头，根据进度表决定哪个帧应该被发送，并维持帧之间的正确定时，主机任务的状态机如图 1-16 所示。

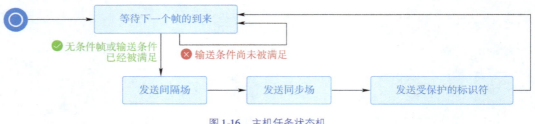

图1-16 主机任务状态机

由于从机具有发送帧响应和接收帧响应两个任务,根据上文的描述,在这两个过程中,都需要首先识别同步间隔并完成同步,随后再发送(处理)报文帧中的信息。相应地,从机任务也拥有两个状态机模型,即间隔与同步探测器、帧处理器。

从机任务需要正确地接收到标志符场,以决定从机节点未来响应与否。为了达到这个目的,在报文帧的起始设置了间隔场和同步字节场序列。这个序列在整个 LIN 通信过程中是唯一的,且能够提供足够的信息,让从机任务探测到一个新帧的开始,并在标识符场开始前完成同步。

帧处理过程由两个状态组成:休眠状态和激活状态。激活状态包含 5 个子状态,只要间隔与同步程序被激活,系统就会进入接收标识符的激活子状态。帧处理器状态机的结构如图 1-17 所示。

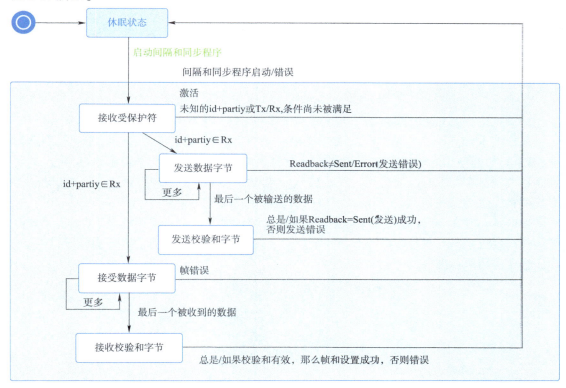

图 1-17 帧处理状态机

1.2.2.5 故障界定

(1)LIN 报文错误类型。LIN 共定义了五种不同的报文错误类型:位错误、校验和错误、标识符奇偶错误、从机不响应错误、同步场不一致错误。LIN 的各个节点各自标记所检测到的报文错误,标记结果可以由规定的故障界定过程访问。

①位错误。总线上的节点在向总线发送数据的同时也在监测总线的电平值,当节点发送的位的值与其所监控到的位的值不同时,认为检测到了一个位错误。

②校验和错误。当所有数据字节(LIN2.0 以后版本也包含标识符场)之和的补码与校验和字节的和不等于 0xff,则认为检测到了一个校验和错误。

③标识符奇偶错误。根据标识符最后的两个奇偶校验位识别是否存在标识符错误。

④从机不响应错误。如果任何从机任务在发送同步段和标识符场时,在最大报文帧长度 T_{FRAME_MAX} 内未完成报文帧的发送,则检测到一个从机不响应错误。

⑤同步场不一致错误。若从机检测到同步场的边沿在给出的容差以外,则检测到一个同步场不一致错误。

(2)故障界定。

①主机控制单元主要检测以下的错误情况:

a. 主机任务发送时,主机节点所检测到的位错误或标识符奇偶错误;

b. 主机控制从机发送数据时,从总线上读取数据时检测到的从机不响应错误或校验和错误。

②从机控制单元主要检测以下错误情况:

a. 从机任务为发送时,从机节点所检测到的位错误或校验和错误;

b. 从机任务为接收时,读取到总线数据时检测到的标识符奇偶错误或校验和错误。

1.2.3 FlexRay 总线

1.2.3.1 FlexRay 总线概述

线控技术(X-by-wire)是汽车领域中出现的一种新技术。该技术最初来源于飞机制造行业,基本思想是使用电子控制系统代替机械控制系统,将驾驶人的操作转化为电信号,利用控制器控制汽车实现对应的功能。线控技术的应用将大大减轻控制系统重量,而随着电子系统的可靠性越来越高,电子控制系统将比机械控制系统更为安全。

X-by-wire 中的 X 表示受控对象的具体操作,目前,在汽车这一应用场景下,相应地有电子节气门、线控制动、线控转向等产品问世。图 1-18 所示为线控制动系统结构简图,该系统使用数字通信取代部分或全部制动管路。

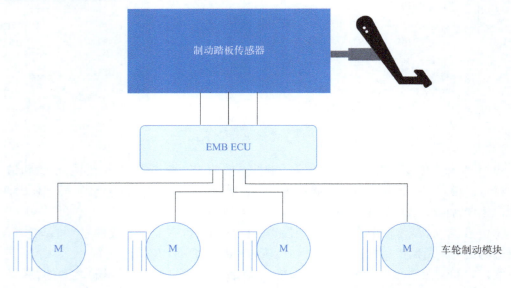

图 1-18 线控制动系统结构简图

由于涉及动力、制动、方向控制等关键功能,线控系统对车用总线通信的带宽、实时性和容错性提出了更高的要求。传统的 CAN 和 LIN 通信均不能满足上述要求,因此,亟须新的总线协议予以填补。

2000 年 9 月,宝马、飞利浦、飞思卡尔和博世等公司联合成立了 FlexRay 协会,旨在共同制定一种专为车内联网而设计的新型通信标准(即 FlexRay),并推动其成为高级动力总成、底盘、线控系统的标准协议。自成立以来,协会不断扩张,FlexRay 的开发工作也在宝马、戴姆勒、克莱斯勒、飞思卡尔、通用汽车、恩智浦、博世和大众等核心合作伙伴的推动下大步前进。

FlexRay 采用了双通道冗余备份技术,在物理上通过 2 条分开的总线通信,分别由 2 条总线和 2 个网络控制单元构成 1 个完整网络,每个 ECU 分别和 2 条总线相连。正常情况下可以双通道传输数据,当其中一个网络发生故障时,可切换到备份网络承担通信任务,从而满足线控应用的高容错性要求。FlexRay 每一条的数据速率都是 10Mbit/s,采用双通道的 FlexRay 的网络带宽可达到 CAN(1Mbit/s)的 20 倍,从而满足线控应用的高带宽需求。此外,FlexRay 采用时分多路访问技术(Time Division Multiple Access,TDMA),将总线划分成很多时间片,各设备按照优先级占用不同的时间片实现对总线的复用,满足了线控系统实时性方面的要求。目前,FlexRay 已在汽车的线控转向、ABS 系统等方面得到了实际应用。

FlexRay 的优势主要体现在以下几个方面。

(1)高带宽。FlexRay 的带宽最高可达 2×10Mbit/s,采用双通道冗余时也可以达到 CAN 总线最大理论带宽的 10 倍。

(2)双通道冗余。FlexRay 采用双通道通信,第二个通道既可以发送与第一个通道相同的信息,以冗余来换取安全性,也可以发送与第一个通道不同的信息,来提高传输速率。此外,FlexRay 的冗余通信能力可实现通过硬件完全复制网络配置,并进行进度监测。

(3)支持多种网络拓扑。FlexRay 既可以像 CAN 总线一样使用总线型拓扑,也可以使用星形拓扑或混合拓扑,如图 1-19 所示。

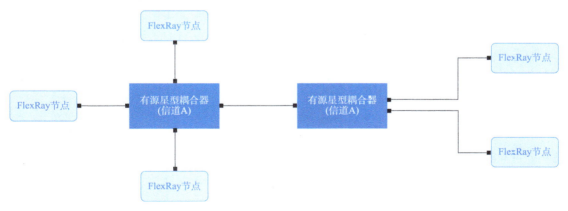

图 1-19 FlexRay 的混合拓扑

(4)总线分配方式。FlexRay 采用时分多路访问和灵活时分多路访问(Flexible Time Division Multiple Access，FTDMA）两种方法，将一个通信周期分为静态部分、动态部分、网络空闲时间。

静态部分使用 TDMA 方法，各节点会均匀分配时间片，每个节点只能在特定的时间片发送消息，因此，报文在总线上的传输在时间上是可预测的。即便行车环境恶劣多变，干扰了系统传输，FlexRay 协议也可以确保将信息延迟和抖动降至最低，尽可能保持传输的同步与可预测。

动态部分使用 FTDMA 方法，采用轮询的方式查看各个节点是否有数据需要发送，常被用于发送使用频率不确定、相对不重要的数据。

1.2.3.2 物理层

（1）FlexRay 节点。FlexRay 节点的核心是 ECU，是接入车载网络中的独立完成相应功能的控制单元，主要由电源供给系统、主处理器、FlexRay 通信控制器、可选的总线监控器和总线驱动器组成，如图 1-20 所示。

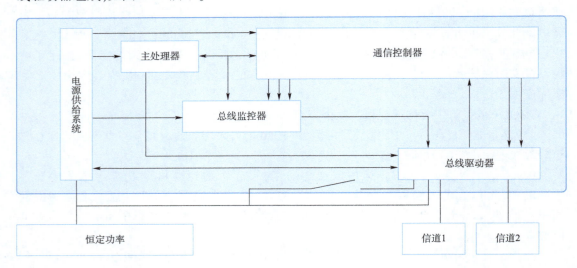

图 1-20　FlexRay 节点结构

ECU 负责处理或产生数据，并通过 FlexRay 通信控制器传输出去。FlexRay 节点的总线监控器和驱动器个数与总线采用的通道数对应，总线监控器的逻辑与其他模块独立，驱动器用于连接通信控制器和总线。主处理器把通信控制器分配的时间片通知给监视器，进而允许控制器在相应时间片内传输数据。数据的接收不需分配时间片，可以在任何时刻进行。

则 FlexRay 节点的发送与接收数据的通信过程如下。

① 发送数据：Host 将待发送的数据传给 FlexRay 通信控制器并进行编码，形成数据位流，通过总线驱动器发送到相应的通道上。

② 接收数据：用总线驱动器访问数据栈，将数据位流传送到通信控制器解码，再传送给主处理器。

（2）FlexRay 节点拓扑结构。FlexRay 的网络拓扑结构主要分为三种：总线型、星型和混合型。对于总线型结构，可以开发单信道和双信道两种系统，如图 1-21 所示。

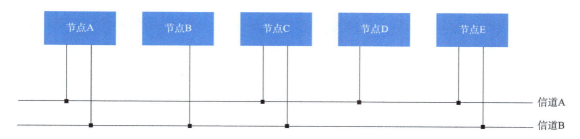

图 1-21 双通道总线结构

在星型结构中存在级联方式的区别,如图 1-22~图 1-24 所示。

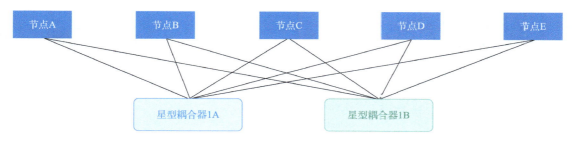

图 1-22 双通道备用星形结构

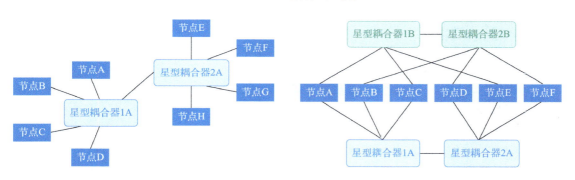

图 1-23 单双通道级联结构

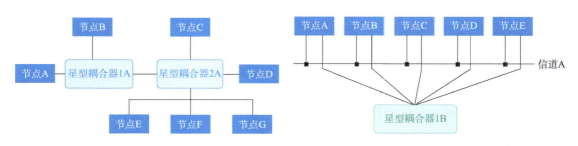

图 1-24 单双通道混合型结构

与总线型相比,星型结构提供发送器和接收器之间的点对点连接,有利于高速率、长距离传输;此外,星形结构部分节点短路不会影响其他节点的正常工作,而总线型结构中一旦有节点短路,整条线路都无法正常工作。

1.2.3.3 协议层

（1）FlexRay 数据帧格式。FlexRay 数据帧包括帧头、有效载荷段和帧尾三部分，如图 1-25 所示。

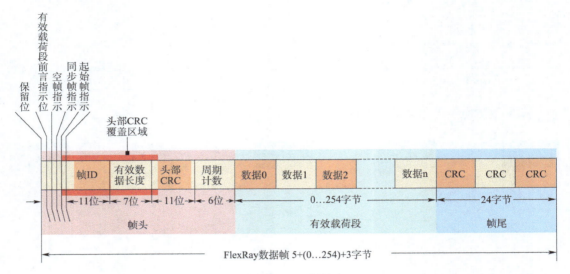

图 1-25　FlexRay 帧格式

FlexRay 的帧头由 5 个字节（40bits）组成，各个位的含义解释如下。

①保留位（1 位）：为日后的扩展做准备；

②有效载荷段前言指示（1 位）：指明帧的负载段的向量信息，在静态帧中，该位指明的是网络管理向量；在动态帧中，该位指明的是信息 ID；

③空帧指示（1 位）：指明负载段的数据帧是否为零；

④同步帧指示（1 位）：指明这是一个同步帧；

⑤起始帧指示（1 位）：指明发送帧的节点是否为起始帧；

⑥帧 ID（11 位）：指明分配到每个节点的 ID（1～2047）；

⑦有效数据长度（7 位）：表示数据帧中有效数据的长度，以字为单位；

⑧头部 CRC（11 位）：记录同步帧指示器和起始帧指示器的 CRC 计算值；

⑨周期计数（6 位）指明在帧传输时间内传输帧的节点的周期计数。

FlexRay 的有效载荷段用于传输数据，最多包含 256 个字节。根据帧头部的有效载荷段前言指示位，可以将数据帧分为静态帧和动态帧。当数据帧是动态帧时，默认有效载荷段的前两个字节作为信息 ID，用于接收方过滤数据；当数据帧是静态帧时，默认有效载荷段的前 13 个字节作为网络管理向量。

FlexRay 的帧尾段含 24 位的校验域，这个域包含了由帧头段与有效载荷段计算得出的 CRC 校验码。

（2）FlexRay 的帧编码过程。FlexRay 的帧编码过程实际上就是对要发送的数据进行相应的"打包"处理的过程，如加上各种校验位、帧 ID 等。反之，解码的过程就是对收到的数据帧进行"解包"的处理。编码与解码主要发生在通信控制器与总线驱动器之间，如图 1-26 所示。其中 RxD 表示接收信号，TxD 表示发送信号，TxEN 表示通信控制器请求数据信号。信息的二进制表示采用"不归零"码。对于双通道的节点,每个通道上的编码与解码的过程是同时完成的。编码与解码的过程主要由三个过程组成:主编码与解码过程、位过滤过程和唤醒模式解码过程。

图1-26 FlexRay的编码与解码

(3) FlexRay 的媒体访问控制。FlexRay 的通信是在周期循环中进行的。一个通信循环始终包括静态段(Static Segment,ST)和网络闲置时间(Network Idle Time,NIT),还可能包括动态段(Dynamic,DYN)、符号窗(Symbol Window,SW),如图1-27 所示。

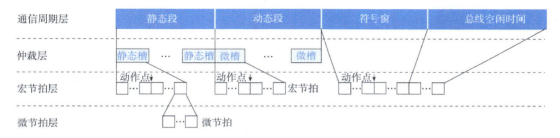

图1-27 FlexRay的通信循环

在静态段中,FlexRay 采用 TDMA 技术实现时间触发,将多个时槽固定分配给每个节点,各个时槽内只允许特定节点传输数据,运行过程中时槽分配不能修改,如图1-28 所示。这种访问方法可以保证在静态段中传输的特定消息,在周期循环中拥有固定的位置,即接收器已经提前知道了消息到达的时间。因此,在受干扰时,FlexRay 可以确保将信息延迟和抖动降至最低,从而尽可能地保持了传输的同步与可测试。这种性质对于依赖持续的高返通信的应用极为重要。

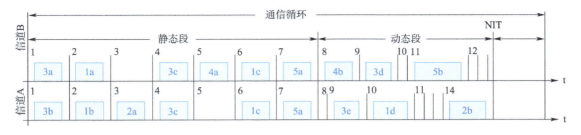

图1-28 FlexRay的静态段和动态段

而 FlexRay 的动态段采用更灵活的 FTDMA 技术,使用微型时槽(mini-slot)作为访问动态部分的通信媒介,各个节点利用信息 ID(报文 ID)中定义好的优先级竞争带宽。

总而言之,静态段和动态段的特性各有所长。静态段可以保证对总线的访问是确定性的。但时槽分配导致总线带宽利用率低且灵活性差,不利于节点的扩充。而动态段可以保证一些高优先级的数据能够在总线忙时也有机会发送,各节点可以共享这部分带宽,带宽可动态分配,灵活性好,弥补了静态段传输的不足。

(4) FlexRay 的时钟同步。基于 TDMA 的通信协议,每个节点必须保持时间同步。时间同步要求总线上各个节点的时钟的最大偏差必须在规定范围内。节点的时钟偏差可分为相位和频率偏差,相位偏差是两个时钟在某一特定时刻的绝对偏差,而频率偏差会导致相位偏差随着时间推移而变化,即描述了相位偏差时变的规律。FlexRay 使用了一种综合的方法,同时对相位偏差和频率偏差予以纠正。

FlexRay 的时钟同步是一个控制环路,由测量、计算和设定功能组成。FlexRay 的所有节点都在接收期间测量消息的到达时间,由于 FlexRay 的静态段中,各个消息到来的时间是确定的,因此,可以通过比较消息的预计到达时间与实际到达时间计算出时钟偏差。基于测量出的偏差值,可用容错平均算法计算出每个节点的纠正值。

在频率纠正中,需要使用两个通信循环的测量值。这两个测量值之差反映通信过程中不同循环中的时钟偏差变化,用于计算双循环结束时的纠正值,在随后的循环都可以使用这个纠正值。相位纠正值的计算只需一个循环周期的测量值,且它必须在开始实施相位纠正前完成计算。每一个通信循环结束后的网络闲置时间用于相位纠正(图 1-29)。

图 1-29 MOST 与 OSI 的对应关系

(5) CRC 校验。FlexRay 设计了帧头 CRC 校验和帧尾 CRC 校验,帧头校验由同步帧指示位、起始帧指示位、帧及有效载荷段长度计算得出;帧尾校验通过所有域计算得出。双重的 CRC 校验使得总线上的错误更有可能被检测出来,从而保证了系统通信具有更高的准确性。

1.2.4 MOST 总线

1.2.4.1 MOST 总线概述

MOST 于 1998 年由宝马、戴姆勒-奔驰、奥迪、OASIS 等公司成立的合作组织建立并推广。MOST 是一种使用光纤或双绞线作为传输介质的环形网络,抗干扰性强,能够同时传输音视频流数据、异步数据和控制命令数据,最高支持 150Mbit/s 的传输速率。MOST 建立的初衷是为了解决已有的总线协议(CAN、LIN 等)无法满足日益增长的车内多媒体系统和高实时性的控制系统的带宽需求的不足。MOST 目前在一些高端车型的控制、诊断系统及车载多媒体系统中已得到了很好的应用。

MOST 网络采用光纤作为物理层的传输介质，将视听设备、通信设备以及信息服务设备（如音响装置、电视、全球定位系统及电话）相互连接起来。光纤传输技术具有以下优点。

（1）传输速率高。光纤中的数据交换是以数字方式来进行的（以前的音频和视频信号只能作为模拟信号来传送），其传输速率可达 21.2Mbit/s，明显高于 CAN 总线系统 1Mbit/s 的最高传输速率，因此，CAN 总线系统只能够用来传输控制信号，而 MOST 可以用于传输音视频等大带宽需求的数据。

（2）抗电磁干扰能力强。MOST 中采用光纤作为传输介质，传输数据时不产生电磁干扰，对外界电磁干扰也不敏感，因此，保证了数据的传输质量。

（3）支持自动配置设备（Plug N Play，PNP）。MOST 网络中，任意添加或删除设备都不会影响其他设备的运行。新设备接入时，主控制器能自动识别网络上的设备变化，自动为每个设备分配新地址；当设备出现故障时，故障设备的网络接口控制器可以完成最基本的通信，保证整个网络的正常运行。

（4）主控制器配置灵活。MOST 网络中除了网络管理模块外，主控制器与功能性节点的硬件电路、软件架构完全相同，因此，可以灵活地将网络管理模块纳入任意的功能性节点。MOST 在工作时只有一个时序控制主节点，如果主节点出现故障，会有从节点接替主节点的工作，保证网络的正常运行。

（5）可以同时传输多种数据。MOST 可以同时传输同步数据、异步数据和控制数据。三个数据域具有独立的传输信道，传输过程中不会互相干扰，不同的同步数据也不会互相干扰。同步数据与异步数据的带宽可以通过边界标识符动态调整。

（6）重量轻、成本低。MOST 总线采用的光纤材料用有机玻璃制成，在提供相同频宽时，比金属导线重量更轻、导线更短，因此，可以有效地降低线束的重量，节约布线空间，降低了成本。

1.2.4.2　MOST 协议的分层结构

对应于 OSI 七层协议的功能划分，MOST 协议定义了从物理层到应用层的各个层级的功能，如图 1-29 中光学与电气物理层定义了传输介质及总线拓扑结构；网络接口控制器定义数据帧格式，并实现数据帧的传输；网络服务基础层提供管理网络状态、信息接收与发送驱动等底层服务；网络服务应用接口层提供网络与功能块的接口；各功能块定义由"属性"和"方法"构成的应用程序接口（Application Programming Interface，API），应用层协议实现功能块之间的通信。

1.2.4.3　物理层

（1）传输介质——光导纤维。MOST 的物理层采用光导纤维作为传输介质，光导纤维的结构如图 1-30。纤芯是光导纤维的中心部分，是用有机玻璃制成的光导线，纤芯内的光根据全反射原理可以实现几乎无损失的传导。透光的反射涂层是由氟聚合物制成，对全反射起着关键的作用。黑色包层由尼龙制成，用来防止外部光照射。彩色包层起到识别、保护及隔温的作用。

（2）MOST 总线控制单元。光导纤维的作用是将在某一控制单元发射机内产生的光波传送到另一控制单元的接收器。MOST总线控制单元的结构如图1-31所示。光导插头是光导纤维与MOST总线控制单元之间的连接单元,将光导纤维上的信号传入控制器中。电气单元用于连接电源、环状故障诊断和输入输出信号。光导发射机由一个光电二极管和一个发光二极管组成,光电二极管用于将入射的光信号转换成电压信号并传送至MOST发射接收机,发光二极管用于将MOST发射接收机的电压信号转换成光信号,产生出光波的波长为650nm(可见红光),数据通过光波调制传送,调制后的光由光导纤维传到下一个控制单元。标准微型控制器是控制单元的核心元件,用于操纵控制单元的所有基本功能。

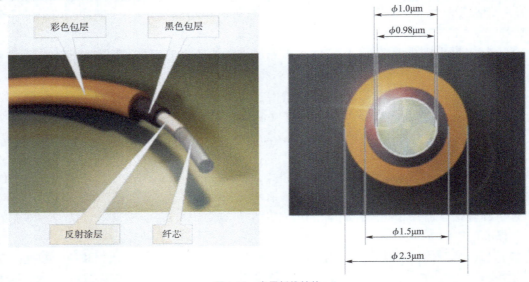

图1-30　光导纤维结构

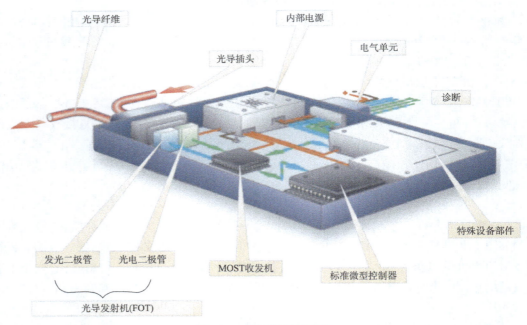

图1-31　MOST总线控制单元

（3）MOST 拓扑结构。MOST 网络的基本拓扑结构是一个逻辑环，数据帧在网络中沿固定方向流动，两个节点之间只有一条通路，如图 1-32 所示。MOST 网络也可采用双向环的拓扑结构，每个网络节点都有一对信号收发器，某段数据通路故障时，可启动冗余通路以保证网络的连通，如图 1-33 所示。目前，车载 MOST 基本上都采用单向环的结构，双向环由于成本问题，仅在一些特殊场合使用。

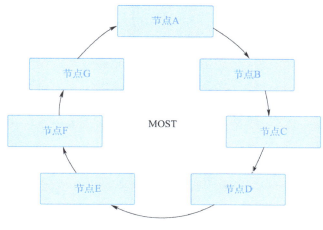

图 1-32　MOST 的单向环拓扑结构

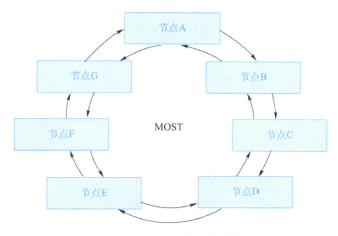

图 1-33　MOST 的双向环拓扑结构

（4）MOST 的节点。MOST 网络可以连接基于不同内部结构和内部实现技术的节点，如图 1-34 所示。

MOST 网络中可分为主控节点（若有，则唯一）、从控节点和被控节点，如图 1-35 所示。根据是否有主控节点，MOST 的节点有集中管理和非集中管理两种管理模式。集中管理的管理功能由网络上的一个节点实施，非集中管理的网络管理分布在网络上的节点中。

1.2.4.4　协议层

（1）MOST 传输的数据类型。MOST 可以同时传输同步数据（时基数据）、异步数据（非时基数据）和控制数据。同步数据实时传送音频信号、视频信号等流动型数据；异步数据传送访问网络及访问数据库等的数据包；控制数据传送控制报文及控制整个网络的数据。

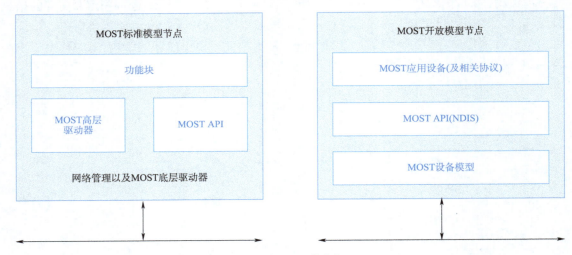

图 1-34 MOST 的节点

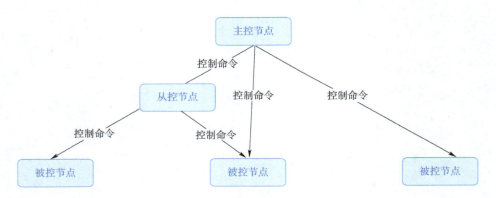

图 1-35 MOST 的节点管理

MOST 可以将数据帧中的字节分配给这三种数据，如图 1-36 所示。MOST 中的一个控制信息包括 32B，被分配到 16 个 MOST 帧中（这些帧构成一个块），即每一帧中的控制信息有 2B，控制信息负责管理整个网络。MOST 每一个数据帧中可以有 0~36B 的异步数据和 24~60B 的同步数据，异步数据和同步数据总计 60B，同步数据与异步数据的边界通过边界描述符来识别，同步数据的传送优先。

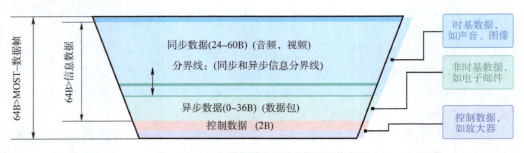

图 1-36 MOST 数据帧中三种数据类型的分配

(2) MOST 数据帧格式。MOST 数据帧格式如图 1-37 所示。起始区标志着信息帧的开始,分界区用于分隔数据区和起始区,随后是三类数据类型的传输,同步数据区传输同步数据,如音视频流,具有传输的优先权,以满足实时性的要求;异步数据区负责传输异步数据,以 4B 为一个包;控制数据区传输控制数据,负责管理整个网络。MOST 的控制信息被分割成 16 个 2B 的段,分别由不同的数据帧传输并在控制单元汇聚。控制信息一般为发射机和接收机的地址或发送至接收机的控制命令。帧控制数据区负责对 MOST 数据帧进行控制。奇偶校验区用于检查数据的完整性,该区的内容将决定是否需要重复一次发送过程。

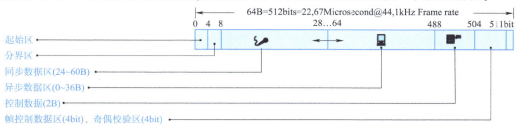

图 1-37　MOST 数据帧格式

(3) MOST 的系统状态。MOST 总线上的设备可以处于睡眠模式、备用模式、通电工作模式三种工作状态。

①睡眠模式。当 MOST 总线上没有数据交换且满足睡眠模式激活条件时,设备被切换到睡眠模式。当系统管理器发出光学起始脉冲后,处于睡眠模式的设备才被激活。在睡眠模式期间,设备的闭路电流下降至最小值。MOST 睡眠模式的激活条件为 MOST 总线中的所有控制单元都准备就绪,其他总线系统没有通过网关提出任何要求,自诊断未激活。

②备用模式。当 MOST 设备处于备用模式时,设备没有来自其他设备的功能请求,MOST 所有的输出媒介(显示屏、音频放大器等)也不工作,但 MOST 总线系统仍在后台工作。此模式在起动和系统运行时被激活。备用模式可由其他外界数据通过网关激活,例如驾驶人车门的开关、点火开关的接通等。备用模式也可由 MOST 总线上的控制单元激活。

③通电工作模式。设备处于通电工作模式时,MOST 控制单元被完全激活,用户可以使用所有的功能。数据可以在 MOST 总线上进行交换,输出媒介(显示屏、音频放大器等)工作或发声。MOST 通电工作模式的激活条件是总线系统处于备用模式,且有外部数据(通过网关)或用户自主的功能选择作为激活命令。

(4) MOST 的系统启动过程。如果 MOST 总线正处于睡眠模式,需要通过唤醒程序将系统切换至备用模式。如果一个控制单元(系统管理器除外)唤醒了 MOST 总线,该控制单元会向下一个控制单元发射一种专门调制的光(伺服光)。下一个控制单元通过在睡眠模式下工作的光电二极管来接收这个伺服光并将此光继续下传。该过程一直进行到系统管理器为止,系统管理器根据传来的伺服光来识别是否为系统起动的请求。

若系统管理器识别到需要进行系统启动,它会向下一个控制单元发送一种专门调制的光(主光)。与伺服光类似,主光由所有的控制单元逐步向后传递,如图 1-38 所示。当系统管理器的光导发射机接收到主光后(意味着主光已沿着 MOST 环路传递了一圈),这标志着MOST 总线系统是封闭的环路,即可以开始发送第一批信息帧。

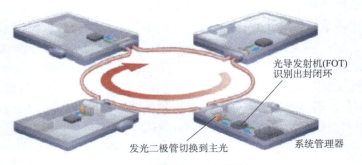

图 1-38 系统启动时主光的传递

第一批信息帧为 MOST 总线上的控制单元提供标识符。系统管理器根据标识符向环形总线上的所有控制单元发送实时顺序（实际配置），这使得面向地址的数据传递成为可能。诊断管理器将报告上来的控制单元（实际配置）与一个规定配置进行比较。如果实际配置与规定配置不相符，诊断管理器存储相应的故障。至此整个唤醒过程结束，可以开始进行数据帧的传输了。

（5）MOST 总线的故障诊断。由于 MOST 采用了环形结构，某一个 MOST 节点出现的数据传送中断被称为环形结构中断。环形结构中断可能由多种原因引起，如光导纤维中断、发射机或接收机控制单元的电源发生故障、发射机或接收机控制单元发生故障等。环形结构中断将会导致总线上数据传输的中断，致使 MOST 不能播放音频与视频，也不能用多媒体操作单元进行控制和调整。当出现环境结构中断时，MOST 系统需要可以定位中断故障产生的位置，因此需要设计相应的故障诊断功能。

MOST 借助于诊断导线来执行环形结构的故障诊断，诊断系统通过中央接线连接装置将诊断导线连接至 MOST 总线中的每一个控制单元，如图 1-39 所示。

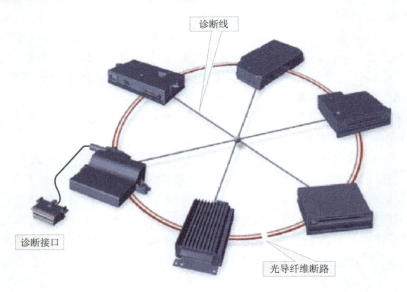

图 1-39 MOST 的诊断导线连接

当 MOST 的故障诊断系统启动后，诊断管理器会通过诊断线向每个控制单元传送一个脉冲。这个脉冲命令各控制单元光导发射机中的发射单元发出光信号,在此过程中,各个控制单元检测各自的电源和电气功能,并接收来自环形结构前一个控制单元的光信号。每一个控制单元需在软件规定的时间长度内做出应答,应答包括该控制单元的电源电气功能是否正常及前一个控制单元的光信号是否正常。诊断管理器可以通过这些信息检测各控制单元之间是否出现光学数据传输的中断。当定位到某一个控制单元后,系统利用光学备用控制单元 VAS6186 替换出现故障的控制单元,再检查 MOST 总线是否恢复正常,若系统正常,则说明控制单元存在故障,实现了故障位置的成功定位。对于故障产生的具体原因,需要通过具体检查控制单元的供电、搭铁、光纤插头等组件来确定。

1.3 汽车总线应用场景

如 1.1 节所述,汽车电子系统中不同的控制域对于车载网络通信的要求不同,导致目前不同控制域通信总线结构与协议差异较大。比较 1.2 节讲述的四种总线技术基本参数,可以发现四种总线技术各有优劣,见表 1-5。出于性能和成本的原因,它们在汽车上的应用彼此之间不能互相替代,各种通信协议将长期在汽车网络中组合使用。

四种通信协议基本参数比较　　　　　　　　　　　　　　表 1-5

总线类型	带宽	拓扑结构	地址信息(bit)	最大传输单元(byte)	预期延时	单位节点成本(相对于 CAN)
CAN	最大 1Mbit/s	总线型	11	8	260μs	1
LIN	20kbit/s	总线型	8	8	10ms	0.5
FlexRay	1～10Mbit/s	总线型/星型/混合型	11	最大 254	35μs	2.5
MOST	最大 150Mbit/s	环形	16	1024	—	5

CAN 总线目前作为车载网络系统的主干网络,性能基本满足当前需要,但随着车内电子设备不断增加,将暴露带宽低、实时性差等诸多问题。LIN 总线应用于车内低带宽应用,由于已获得了广泛的认可,几乎不会受到挑战。FlexRay 总线主要应用于线控系统,与 CAN FD 存在竞争关系,但由于性能与成本的权衡,二者将在一段时间内保持共存。MOST 在车载多媒体系统的地位比较稳固,但由于成本较高,只在高端车型有所应用(车载以太网成熟后可能会受到挑战)。下面将具体介绍 CAN、LIN、FlexRay、MOST 四种总线在汽车中的应用。

1.3.1 CAN 总线应用场景

由于 CAN 协议最初便是为了汽车上的应用而设计的,因此,自从 CAN 总线协议被提出起就在汽车上得到了广泛的应用。目前,普通燃油车的典型控制单元都应用了 CAN 总线,例如电控燃油喷射系统、电控传动系统、防抱死制动系统、防滑控制系统、废气再循环系统、巡航系统和空调系统、车身电子控制系统(包括照明指示和车窗、刮水器等)等,普通燃油汽车的 CAN 总线网络系统架构如图 1-40 所示。

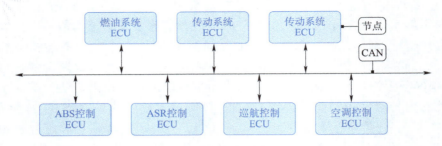

图 1-40　普通燃油车的 CAN 总线网络系统

随着汽车技术的发展，汽车控制系统的状态量和控制量大幅增加，数字化电控单元也得到了广泛使用，这使得简单的总线式网络结构已经难以满足需要。因此，基于 CAN 的车载网络结构得到了进一步的改进，如图 1-41 所示。不同的功能域逐步实现了分离，不同的 CAN 网络之间通过网关连接。对于每一个区域性的 CAN 总线，可以根据其功能特点灵活地配置 CAN 总线的传输速度等，已达到性能的最优化。

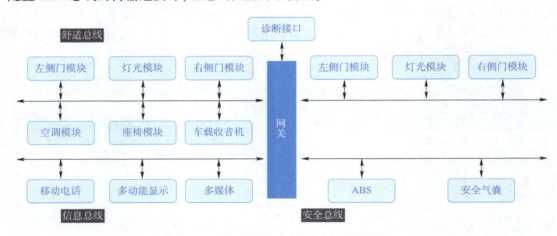

图 1-41　优化系统结构的车载 CAN 网络系统

1.3.2　LIN 总线应用场景

LIN 总线主要应用于汽车中的分布式电子控制系统。由于在车辆上一些通信场合不需要 CAN 总线那么高的速度和带宽，比如汽车上的随动转向灯、天窗控制系统、刮水器控制、转向盘集控开关、电动车门、电动座椅控制等。为了降低这些模块的成本，一般采用 LIN 总线替代 CAN 总线。LIN 总线在汽车上的应用方案如图 1-42 所示。

在整车网络中，各 LIN 网络的核心主机利用 CAN 模块接入 CAN 总线网络，从而使 LIN 网络成为整车通信网络的一个子网，实现了对 CAN 总线的扩展和补充。这样的设计既实现了不同速率的网络分级，优化了网络的结构，也节约了整车的成本。此外，LIN 通信的实现不需要专门的片上通信模块，而是采用普通的 UART/SCI 接口，因此，可以使用低成本软硬件进行汽车 LIN 网络的开发，且开发周期短、速度快。

以轿车左侧前车门控制为例，车门装配有电动玻璃窗控制器、中央车门锁控制器和电动外后视镜控制器，这些部件的控制器之间的电路通信用一个 LIN 完成，再通过网关与 CAN

联系。由于车门装置这一类控制通信速度要求不高，使用 LIN 也不会影响使用效果。LIN 在与上述车门控制相似的应用场景中也得到了积极的应用，如车镜控制等（图 1-43）。

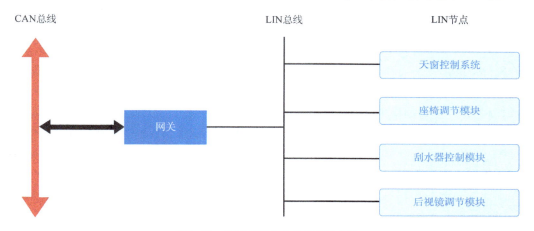

图 1-42　LIN 总线在汽车上的应用方案

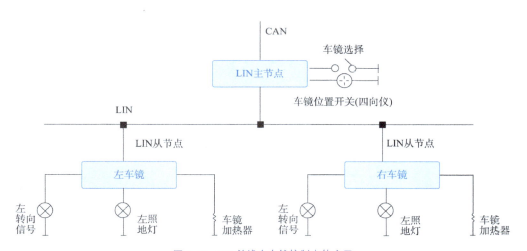

图 1-43　LIN 总线在车镜控制中的应用

很多量产车型都采用了上述的 CAN + LIN 双总线搭配，以优化汽车的网络结构并控制成本。如一汽大众的新宝来、速腾、新高尔夫，上汽大众的途观、新领驭、朗逸、POLO、斯柯达明锐、荣威 550，上汽通用的雪佛兰克鲁兹，奇瑞汽车的瑞麒 G5，进口的新奥迪 A3、新甲壳虫等。

1.3.3　FlexRay 总线应用场景

FlexRay 在汽车上最合适的应用场景是高级底盘控制。目前，大部分汽车的制动、转向系统依然借助机械连接或液压传动的方式，将驾驶人的控制传递到车辆底盘。而未来的线控系统将会通过网络将指令发送到制动执行单元、转向步进电机控制单元，并通过 ECU 来进行制动和转向控制，从而省略了机械结构。线控技术还能简化某些功能的实现，如自适应巡航控制、自动车道保持、防碰撞，并为汽车最终实现自动驾驶打下基础。这些对车辆安全性至关重要的部件或系统必须依赖一个可靠的通信协议,FlexRay 可以很好地满足线控系统对通信的各项需求。而 FlexRay 的应用,将底盘组件向更轻、更快、更简单、更高效的方向发展,从而实现高级车辆底盘控制。

例如,线控制动技术便是 FlexRay 应用的一个实例。线控制动技术可以消除制动液和液压管路的困扰,独立地在 ECU 控制在每个车轮上产生制动力,并由电子踏板模块发出的信号触发。FlexRay 作为通信协议可以支持整个系统的高速信息传送,从而及时地完成制动,而 FlexRay 的容错功能(双通道冗余、双重 CRC 校验等)也保证了线控制动系统的可靠性。

宝马 7 系中配备的博世 ESP 至尊版是全球第一个采用 FlexRay 的制动控制系统。新款宝马 X5、X6 在电控减振系统控制中采用 FlexRay 通信控制器,以改变安装在主动悬架防倾杆上的旋转电动机及阻尼器电磁阀的设置参数。2009 年以后生产的奥迪 A8 也配备了 FlexRay 通信系统。而通用汽车正在使用 FlexRay 开发第一辆完全线控的燃料电池车。FlexRay 通信系统在高端汽车的成功应用也证明了它的技术优势和良好的市场前景。

1.3.4　MOST 总线应用场景

目前,MOST 在一些高端车型上已经得到了应用,例如在奥迪 A8 03 轿车上,MOST 技术用于信息系统的数据传输,信息系统提供多种信息及娱乐多媒体服务。它包括 DVD 视频、TV 接收、车载 Internet、CD、CD/DVD 导航、电话、DAB 数字收音机等,如图 1-44 所示。MOST 的应用大大提高了车载娱乐多媒体服务的质量,在未来拥有广阔的应用前景。

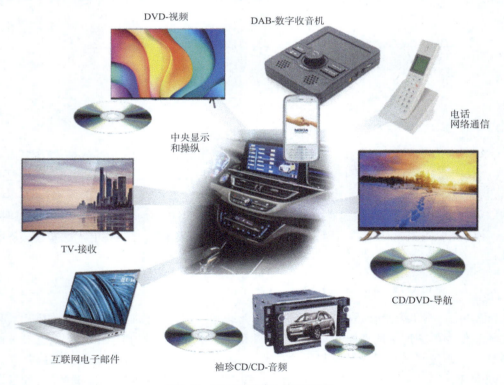

图 1-44　MOST 在汽车上的应用场景

第 2 章
车载以太网技术

传统的车载网络技术中,LIN 总线的最大通信速率为 20Kbit/s,主要用于汽车天窗、车窗、座椅等通信速率较低的场景。CAN 总线的最大通信速率为 1Mbit/s,主要用于汽车控制数据的传输,FlexRay 最大通信速率为 10Mbit/s,主要用于线控系统(线控转向、制动等)。MOST 最大通信速率为 150Mbit/s,主要用于汽车多媒体系统的音频、视频数据传输。随着汽车智能化的发展,车内控制系统的复杂度不断提升,高性能的辅助驾驶(Advanced Driving Assistance System,ADAS)系统、娱乐系统和车联网系统等,带来了更高的软件需求,电子控制单元 ECU(Electronic Control Unit,ECU)的规模不断扩大。在 2009 年,部分高端汽车 ECU 的数量已经超过 70 个,随之而来的是更大的数据通信量和更高的带宽需求。传统的车载网络显然无法满足这些需求,因此,兼具低辐射、低功耗、高带宽、开放性、扩展性、兼容性的车载以太网应运而生。与传统车载网络相比,车载以太网在带宽、时延、可靠性等方面有着明显的优势,因此被公认为是下一代车载网络技术。作为连接车内 ECU 的新型局域网技术,与常见的家用以太网使用四对非屏蔽双绞线不同,车载以太网可在单对非屏蔽双绞线上实现高达 100Mbit/s ~ 1Gbit/s 的传输速率,同时满足带宽和安全性等方面的要求。

以太网和基于网际互联协议(Internet Protocol,IP)的路由技术是未来汽车通信网络的重要技术。以太网满足了庞大数据传输量的需求,同时,相比其他网络技术,其灵活性更好、开销更低。基于以太网的汽车通信架构将有助于加快相关标准的制定,从而在整个汽车行业推广该技术,进而使开发费用低、应用范围广的以太网兼容产品在市场上出现。而在汽车中使用以太网作为骨干网将有助于实现 V2V 和 V2I 通信,其中通信节点是可以交换信息的车辆、充电站或基站。这使得车载网络、专用短程通信(Dedicated Short Range Communication,DSRC)和基于 IEEE802.11P 的无线接入车辆环境(Wireless Accessing Vehicular Environments,WAVE)的集成成为可能。未来的工作包括验证不同数据类在同一以太网网络上的安全共存、开发影响以太网交换机和物理层的新的汽车优化组件等。

目前,众多汽车厂商纷纷投入车载以太网的研发。2015 年 10 月,已有宝马、捷豹、大众等多家汽车厂商的多个车型使用车载以太网。到 2016 年 3 月,车载以太网领域的单对以太网(One-Pair Ether-Net Alliance SIG,OPEN)联盟的成员数量已达到 300 个。2020 年,全球部署的车载以太网端口总数超过 4 亿个。预计到 2022 年底,这一总数将超过已部署的其他以太网端口数的总和。

车载以太网络在具备标准以太网高带宽、高可扩展性的同时,也继承了标准以太网尽力而为的网络传输特性。然而,车载网络中的关键业务流需要低时延、高可靠传输,这是车载以太网在应用过程中急需解决的问题。因此,研究出一种能够实现低时延、高可靠的确定性传输网络,是加快车载以太网应用发展的必然需求。

  时间敏感网络(Time Sensitive Networking,TSN)是一种增强型以太网通信技术。时间敏感型网络允许周期性与非周期性数据在同一网络中传输,使得标准以太网能够具有确定性传输的优势,并支持厂商独立的标准化进程。TSN已成为国内外广泛关注的网络技术。时间敏感网络作为IEEE 802.1工作组制定的以太网标准,在时钟同步、流量控制、流量管理、可靠性等方面制定了一系列标准协议,使其完美契合车载网络的应用需求。目前,电气与电子工程师协会(Institute of Electrical and Electronic Engineers,IEEE)、国际电工委员会(International Electro technical Commission,IEC)等组织均在制定基于TSN的车载以太网、工业互联网等的网络互操作性标准与规范。

  2006年,IEEE802.1工作组成立音频视频桥接(Audio Video Bridging,AVB)任务组,并在随后的几年里成功解决了音频视频网络中数据实时同步传输的问题。它有效地解决了数据在以太网传输中的时序性、低延时和流量整形问题。来自工业部门的参与者们立刻看到了其保证带宽和有界延迟的能力。2012年,AVB任务组在其章程中扩大了时间确定性以太网的应用需求和适用范围,以覆盖音频视频以外的更多领域:工业、车载、制造、运输和过程控制、航空航天、移动网络等,并成立工业互联网的实时性工作组,称为IEEE802.1 TSN。

  2015年,Interworking TG与TSN TG合并成为新的TSN任务组。同时,IEEE 802.1 TSN工作组会定义TSN用于不同垂直行业的应用类标准,如:已经完成的802.1CM项目定义了TSN应用于移动前传网络的标准;2018年由IEC和IEEE联合立项了P60802工作组,目标是定义TSN应用于工业自动化网络的方案类标准;2019年新立项的IEEE 802.1DF工作组,目标是定义TSN应用于服务提供网络的方案类标准;2019年新立项的IEEE 802.1DG工作组,目标是定义TSN应用于车载网络的方案类标准。TSN标准发展概况如图2-1所示。

图2-1 TSN标准发展概况

TSN 为以太网协议的 MAC 层提供一套通用的时间敏感机制,在确保以太网数据通信的时间确定性的同时,为不同协议网络之间的互操作提供了可能性。TSN 标准主要内容如图 2-2 所示。

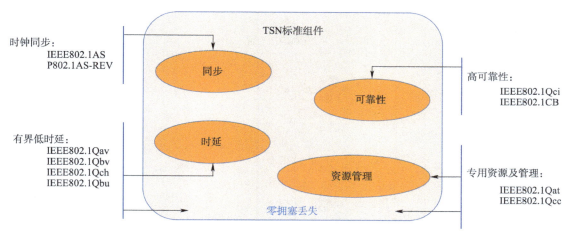

图 2-2　TSN 标准主要内容

2.1　车载以太网体系架构

2.1.1　物理层

车载以太网物理层(Physical,PHY)针对特定的以太网的特性定义信令和编码并与下方的物理介质相连接,主要由三个子层构成,包括物理编码子层(Physical Coding Sublayer,PCS)、物理媒介附加(Physical Medium Attachment,PMA)子层和物理媒介相关(Physical Medium Dependent,PMD)子层。图 2-3 展示了车载以太网的物理层架构。其中,协调子层(Reconciliation Sublayer,RS)将媒体独立接口的信号转换成数据链路层 MAC 子层所需要的信号;介质无关接口(Medium Independent Interface,MII)定义了 MAC 子层和以太网物理层其他部分之间通信的一组特殊接口,PCS 主要在高层 MII 和底层 PMA 之间执行数据编码、处理和传输功能,PMA 子层负责将 PCS 与 PMD 子层联系在一起,PMD 子层用于实现与以太网物理层各类技术相关的特定物理层媒介所需的功能,介质相关接口(Medium Dependent Interface,MDI)是物理层的"逻辑"部分和实际导线间的接口。

2.1.2　链路层

车载以太网数据链路层由两个子层构成,包括逻辑链路控制(LLC)子层和介质访问控制(MAC)子层。其中,LLC 子层负责向上层提供服务、管理数据链路通信以及链接寻址定义等。MAC 子层负责数据帧的封装与解封装、寻址与识别、接收与发送以及差错控制等,是影响以太网数据链路层性能的关键。

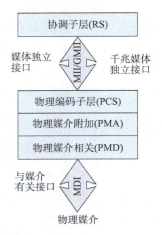

图 2-3 车载以太网物理层架构

车载以太网主要采用 Ethernet II 帧格式,它包括 6 个字节的目的 MAC 地址(D.MAC)、6 个字节的源 MAC 地址(S.MAC)、2 个字节的类型字段、46~1500 个字节的数据字段(Data)以及 4 个字节的循环冗余帧校验序列(Frame Check Sequence,FCS)字段。帧格式如图 2-4 所示。

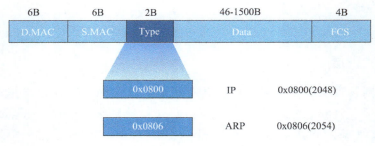

图 2-4 Ethernet II 帧格式

2.1.3 应用层

车载以太网中应用层主要包括两种通信协议:DDS 和 SOME/IP。

数据分发服务(Data Distribution Service,DDS)是由对象管理组织(Object Management Group,OMG)颁布的一套互联、互通协议规范,它定义了应用程序接口(Application Programming Interface,API)和服务质量(Quality of Service,QoS)的通信语义,能够有效地将信息从信息生产者传递到匹配的信息使用者。DDS 协议使用以数据为中心的发布/订阅(Publish/Subscri Pub/Sub)机制,数据由应用方来发布,对该数据感兴趣的远程应用订阅所需的数据。

在车载以太网当中,控制单元的交互是通过应用层协议—基于 IP 的可扩展面向服务的中间件(Scalable service-Oriented Middleware over IP,SOME/IP)来实现的。SOME/IP 协议于 2011 年由当时在 BMW 集团的 Lars Völker 设计,于 2013 年纳入 AUTOSAR 4.1 规范。SOME/IP 可用于 CP 及非 AUTOSAR 平台之间以服务为导向的交互通信。SOME/IP 向上层应用程序提供 API 接口，创建 Client/Server 客户端，通过 TCP/IP 协议对应的以太网进行通信。图 2-5 展示了 SOME/IP 通信接口。SOME/IP 的访问方式有 3 种，包括事件通知、远程过程调用（Remote Procedure Call，RPC）以及访问进程数据。其中，事件通知通信方式为服务端（Server）周期性或者事件变化时向客户端（Client）发送特定消息；RPC 访问方式是在客户端有请求时向服务端发送一个请求消息，服务端根据情况返回响应；访问进程数据方式为客户向服务器端写入或者读取数据。

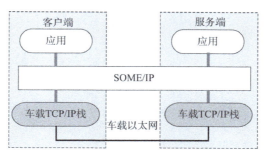

图 2-5　SOME/IP 通信接口

2.2　车载以太网时钟同步技术

时钟同步是指各个拥有独立计时的网络设备之间，通过信息交互等方式使其本地时钟差保持在一定范围内的技术。时钟同步问题是网络中的经典问题，网络中基于时间的行为（例如流量的实时调度）都需要网络拥有统一的时间基准，网络中时钟的一致性将直接影响网络的服务质量。

2.2.1　标准以太网同步技术

在 TSN 诞生之前，就存在多种获得广泛应用的时钟同步技术。最早在 1985 年，美国德拉瓦大学的 D. I. Mills 教授提出网络时间协议（Network Time Protocol，NTP）进行网络中设备间的时钟同步。NTP 网络可选三种同步模式，包括客户机-服务器模式、对称模式以及多播广播模式。其中，客户机-服务器模式与多播广播模式均采用主从时钟的体系架构，即网络以服务器的时间为基准，并测量服务器到客户机的路径时延，然后服务器向一个或多个客户机发送同步时间完成同步。使用对称模式时，两节点之间可以互相发送时延测量请求和同步报文。

NTP 时间同步的计算过程为：客户机首先向服务器发送一个 NTP 包，其中包含了该包离开客户机的时间戳 $t1$。当服务器接收到该包时，依次填入包到达的时间戳 $t2$、包离开的时间戳 $t3$，然后立即把包返回给客户机。客户机在接收到响应包时，记录包返回的时间戳 $t4$。客户机用上述 4 个时间参数就能够计算出 2 个关键参数：NTP 包的往返延迟 D 和客户机与服务器之间的时钟偏差 T。客户机使用计算出的时钟偏差 T 来调整本地时钟，以使其本地时间与服务器时间一致。此过程如图 2-6 所示。

图 2-6 中，$t1$ 为客户发送 NTP 请求的时间戳（以客户时间为参照），$t2$ 为服务器收到

NTP 请求的时间戳(以服务器时间为参照),t3 为服务器回复 NTP 请求的时间戳(以服务器时间为参照),t4 为客户收到 NTP 回复包的时间戳(以客户时间为参照),D1 为 NTP 请求包传送延时,D2 为 NTP 回复包传送延时,T 为服务器和客户端之间的时间偏差,d 为 NTP 包的往返时间。

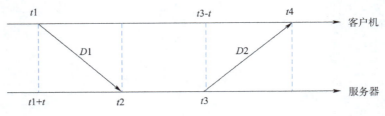

图 2-6　NTP 计算过程

NTP 协议实现了毫秒级别的时钟同步功能,在当时的条件下被广泛应用于各个工业领域为网络提供时钟同步服务。然而,随着车载以太网流量确定性要求的提高,毫秒或亚毫秒级别的时钟同步已经不能满足网络的时钟同步需求。

2.2.2　精确时钟同步技术

2.2.2.1　概述

IEEE 1588 精确时钟同步协议(Precision Time Protocol,PTP)为网络提供了更加准确的同步。该协议于 2002 年发布,相较于 NTP,PTP 更加严格地规范了网络节点架构与数据处理方式。PTP 将网络节点划分为边界时钟和普通时钟,使用最佳主时钟选择算法(Best Master Clock Algorithm,BMCA)选取主时钟,对等时延测量机制测量路径时延,据此建立了严格的主从同步体系,将时钟同步的精度提升至微秒级。2008 年,IEEE 推出 IEEE 1588 v2 版本进行增强,该版本改进了路径时延测量机制,为网络增加点对点透明时钟模型与端到端透明时钟模型,将时钟同步精度进一步提升,实现亚微秒级别的时钟同步。

IEEE 1588 协议的最新版本 IEEE 1588-2019 中对于该协议的工业应用进行了一系列可拓展性的改进,以应对不同的工业场景,并且针对网络中的例如网络不对称、主时钟时间的准确性等影响时钟同步精度的因素,设计了补偿算法,进一步提升了时钟同步的精度,这也使其在工业领域得到了更为广泛的应用。对于 TSN 而言,由于其包含众多各个节点之间高精度协同配合的功能,从而对时钟同步技术提出了更高的要求。例如,更高的精度、更强的可靠性保障、更加灵活的配置管理等。因此,IEEE 802.1 工作组参考 IEEE 1588 协议制定了 IEEE 802.1AS—2020 协议,其定义了广义精确时钟同步系统(generalized Precision Time Protocol,gPTP)用于 TSN 中的时钟同步。IEEE 802.1AS—2020 提供了准确可靠的时钟同步机制,该标准所规范的协议严格保证时延敏感的业务(例如音视频)在基于以太网的桥接网络或虚拟桥接网络等时延固定或对称的传输媒质中的同步传送。

与 IEEE 1588 一样,gPTP 定义了一个自动协商网络主时钟的方法,即最优主时钟算法 BMCA。BMCA 定义了底层协商和信令机制,用于选举出局域网内的主时钟(GrandMaster)。

一旦主时钟被选定,所有局域网节点的 gPTP 设备将与此主时钟进行时钟同步,其他时钟为从时钟。如果主时钟发生变化,整个网络也能通过 BMCA 在最短时间确定新的主时钟,确保网络的时钟同步功能正常运行。IEEE 802.1AS—2020 的核心在于时间戳机制。时间戳分为硬件时间戳和软件时间戳两种,前者由硬件设备进行时间戳标记,后者由软件系统进行时间戳标记。gPTP 消息在进出具备 IEEE 802.1AS—2020 功能的端口时,会根据协议触发对本地实时时钟(Real Time Clock,RTC)的采样,将自己的 RTC 值与来自该端口相对应的主时钟(Master)的信息进行比较,利用路径延迟测算和补偿技术,将其 RTC 时钟值匹配到 gPTP 域的时钟。当 gPTP 同步机制覆盖到整个网络后,各网络节点设备间就可以通过周期性的 gPTP 消息的交换精确地实现时钟值调整和时钟频率匹配。最终,所有的 gPTP 节点都将同步到相同的主时钟时间。在最大 7 跳的网络环境中,理论上 gPTP 能够保证时钟同步精度误差在 1μs 以内。

目前,IEEE 1588 v2 和 IEEE 802.1AS—2020 都得到了广泛的应用。开源代码项目 linuxptp 同时支持 PTP 和 gPTP 两种协议,且可免费下载测试,已被集成到 linux 内核中。同时,越来越多的厂商推出了同时支持 PTP 和 gPTP 两种协议的产品,且同时支持硬件时间戳和软件时间戳两种方式,硬件时间戳的精度要高于软件时间戳,但是硬件时间戳功能要求特定的硬件支持。

2.2.2.2 技术介绍

(1)PTP/gPTP 域。支持 PTP/gPTP 协议功能的若干网络节点连接而成的网络称为一个 PTP/gPTP 域。若网络过大,可以进一步将一个域拆分为多个范围较小的域,域的拆分根据实际网络需求进行。每个 PTP/gPTP 域都有自己的主时钟,同一个域内的所有网络设备都与该域的主时钟进行时钟同步。

(2)设备类型。PTP 设备分为普通时钟(Ordinary Clock,OC)、边界时钟(Boundary Clock,BC)、端到端透明时钟(End-to-End Transparent Clock,E2E TC)、点对点透明时钟(Peer-to-Peer Transparent Clock,P2P TC)。gPTP 设备统一称为时间感知系统,支持时间感知系统的设备都按相同的方式支持 gPTP 协议。

①普通时钟。一个普通时钟通过基于一个物理端口上的两个逻辑接口在网络上通信。事件接口用于发送和接收事件报文,通用接口用于发送和接受通用报文。在一个 PTP 的域内,普通时钟只能处于唯一的一种状态,可以是主时钟,也可以是从时钟。一个普通时钟维护两种类型的数据集:时钟数据集和端口数据集。协议引擎负责发送和接受 PTP 报文,维护数据集,执行与端口关联的状态机,根据接收到的 PTP 时间报文和产生的时间戳计算主机时间(如果端口处于从状态)。

②边界时钟。边界时钟通常会有多个物理端口,每个物理端口有两个逻辑接口:事件接口和通用接口。边界时钟的每个端口与普通时钟基本一致。边界时钟所有的端口的时钟数据集是公用的,共用一个本地时间。每个协议引擎会有额外的功能来解析所有端口的状态,从而决定哪个端口用来提供时间信号来同步本地时钟。

③端到端透明时钟。端对端透明时钟类似一个普通的网桥、路由器或中继器那样转发所有的报文。但对于 PTP 事件报文,会测量 PTP 事件报文的停留时间。这个时间会写入到这个 PTP 事件报文或者其后续 Follow_up 报文(Follow_Up 或者 Pdelay_Resp_Follow_Up)的

特定字段中(correctionField),这个修正值基于事件报文进入和离开透明时钟时的时间戳的差值。

④点对点透明时钟。点对点透明时钟与端对端透明时钟主要区别在于它对PTP事件报文的修正和处理方式,除此以外,两者是一样的。点对点透明时钟对于每一个端口有一个额外的模块,这个模块用来计算每个端口和与它连接的另一端(也要支持点对点透明时钟)的链路延时。这个链路的延时计算是基于与其链路端交换Pdelay_Req、Pdelay_Resp和可选的Pdelay_Resp_Follow_Up报文过程的。端对端透明时钟是修正所有的PTP事件报文,而点对点只修正Sync和Follow_Up报文,因为延时已经确定了。这些报文中的correctionField字段会被Sync报文的停留时间和链路延时时间更新。由于链路之间的延时已经包含在correctionField中,所以点对点透明时钟中的主时钟不用对每个从时钟的Delay_Req作出回应。

(3)端口类型。IEEE 802.1AS—2020协议使用BMCA来选择主时钟,网络中所有使用IEEE 802.1AS—2020协议的节点(网桥或终端)都会参与主时钟的选择,BMCA会选择性能最佳的节点作为主时钟并以主时钟为根建立生成树,生成树的根主要是分发同步信息,生成树建立完成标志着BMCA算法的完成。之后,时间感知系统的所有端口都会被分配以下四种状态。

①主端口:离生成树最近的端口,主端口发送同步信息给从端口;

②从端口:离生成树最近的端口,接收同步信息,主时钟没有从端口;

③不支持IEEE 802.1AS—2020协议的端口:时间感知系统中的不支持IEEE 802.1AS—2020协议的端口;

④被动端口:既不是主端口和从端口,也不是不支持IEEE 802.1AS—2020协议的端口。

在PTP域中,时钟节点上发布同步时间的PTP端口称为主端口(Master Port),而接收同步时间的PTP端口则称为从端口(Slave Port),主端口和从端口均可存在于BC或OC上。此外,还存在一种既不发布也不接收同步时间的PTP端口,称为被动端口(Passive Port)。PTP网络中,所有的时钟节点类型通过主从关系联系到一起。各时钟节点之间的主从关系可通过BMCA算法自动产生(与生成树类似),也可手工指定。PTP域时钟节点和端口的示意图如图2-7所示。

(4)运行机制。gPTP和PTP时钟同步的基本原理是类似的:先使用BMCA算法或通过手工指定的方式确定主时钟,主时钟周期性发送Sync报文,主从时钟之间进行时延测量,从时钟修正本地的时钟值和时钟频率值。

①主时钟(GrandMaster)可以通过手工指定,也可以通过BMCA算法动态选举产生,BMCA动态选举的过程如下。

第一步,各时钟节点之间交互Announce报文。根据报文中所携带的时钟优先级、时钟等级、时钟精度等信息,最终选出一个节点作为PTP/gPTP域的最佳主时钟。与此同时,各节点之间的主从关系以及各节点上的主从端口也确定了下来。通过这个过程,整个域中建立起了一棵无环路、全连通,并以最佳主时钟为根的生成树。

第二步,主时钟节点会定期发送Announce报文给从时钟节点。如果在一段时间内,从节点没有收到主节点发来的 Announce 报文,便认为该主节点失效,于是重新进行最优时钟的选择。重新选择的流程与初始选择流程相同。

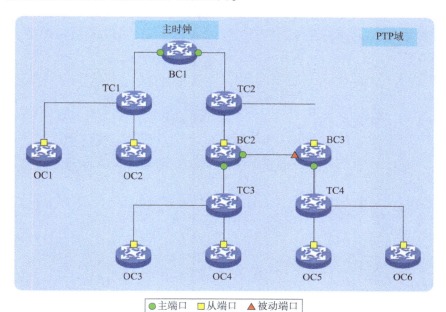

图 2-7　PTP 域节点和端口示意图

②PTP/gPTP 域中的各时钟节点在通过 BMCA 协议动态选举最优时钟时,会依据 Announce 报文中所携带的时钟的第一优先级、时钟等级、时钟精度和时钟第二优先级的次序依次进行比较,获胜者将成为最佳主时钟,比较规则如下:

　　a. 第一优先级高者获胜;
　　b. 如果第一优先级相同,则时钟等级高者获胜;
　　c. 如果时钟等级也相同,则时钟精度高者获胜;
　　d. 如果时钟精度还相同,则第二优先级高者获胜;
　　e. 如果第二优先级依然相同,则接口标识(由时钟编号和接口号共同构成)小者获胜。

选出最佳主时钟并确认主从关系之后,时钟同步域中的主从节点之间将会进行时钟同步。

③时钟同步过程中有两个延迟:传播延迟和停留时间。传播延迟指同步信息从设备 A 传输到设备 B 所需的时间。停留时间是指从同步消息在设备 B 上被接收到的时刻开始到 B 将同步消息向设备 C 传播的这段时间,亦即同步消息在设备 B 上停留的时间。停留时间在设备端口上完成计算,并写入同步消息的相应修正字段中。

④PTP/gPTP 协议定义了两种传播延时测量机制:请求应答(Request_Response)机制和端延时(Peer Delay)机制,且这两种机制都以网络传输链路的对称性为前提。

A. 请求应答方式的实现过程如下:

　　a. 主时钟向从时钟发送 Sync 报文,并记录发送时间 $t1$;从时钟收到该报文后,记录接收时间 $t2$;

b. 主时钟发送 Sync 报文之后，紧接着发送一个携带有 t1 的 Follow_Up 报文；

c. 从时钟向主时钟发送 Delay_Req 报文，用于发起对反向传输的延时的计算，并记录发送时间 t3；主时钟收到该报文后，记录接收时间 t4；

d. 主时钟收到 Delay_Req 报文之后，回复一个携带有 t4 的 Delay_Resp 报文。

上述过程如图 2-8 所示。

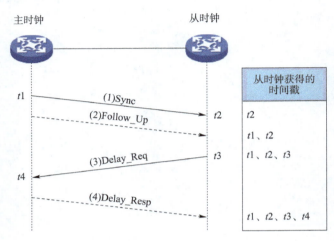

图 2-8　请求应答时延测量机制

此时，从时钟便拥有了 t1~t4 这四个时间戳，由此可计算出主、从时钟间的往返总延时为：

$$D_t = (t2-t1) + (t4-t3) \qquad (2-1)$$

所以，主、从时钟间的单向延时为：

$$D_s = D_t/2 \qquad (2-2)$$

那么，从时钟相对于主时钟的时钟偏差 $offset$ 为：

$$offset = (t2-t1) - D_s = [(t2-t1)-(t4-t3)]/2 \qquad (2-3)$$

此外，根据是否需要发送 Follow_Up 报文，请求应答机制又分为单步模式和双步模式两种。在单步模式下，Sync 报文的发送时间戳 t1 由 Sync 报文携带，不发送 Follow_Up 报文；在双步模式下，Sync 报文的发送时间戳 t1 由 Follow_Up 报文携带。

B. 与请求应答机制不同，端延时机制采用 Pdelay 报文来测量链路延时，其实现过程如下：

a. 主时钟向从时钟发送 Sync 报文，并记录发送时间 t1；从时钟收到该报文后，记录接收时间 t2；

b. 主时钟发送 Sync 报文之后，紧接着发送一个携带有 t1 的 Follow_Up 报文；

c. 从时钟向主时钟发送 Pdelay_Req 报文，用于发起反向传输延时的计算，并记录发送时间 t3；主时钟收到该报文后，记录接收时间 t4；

d. 主时钟收到 Pdelay_Req 报文之后，回复一个携带有 t4 的 Pdelay_Resp 报文，并记录发送时间 t5；从时钟收到该报文后，记录接收时间 t6；

e. 主时钟回复 Pdelay_Resp 报文之后，紧接着发送一个携带有 t5 的 Pdelay_Resp_Follow_Up 报文。

上述流程如图 2-9 所示。

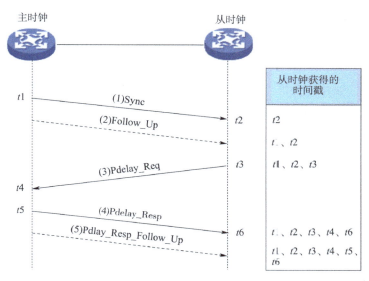

图 2-9　端延时测量机制

此时，从时钟便拥有了 t1 ~ t6 这六个时间戳，由此可计算出主、从时钟间的往返总延时为：

$$D_t = (t4 - t3) + (t6 - t5) \tag{2-4}$$

由于网络是对称的，所以，主、从时钟间的单向延时为：

$$D_s = D_t/2 \tag{2-5}$$

那么，从时钟相对于主时钟的时钟偏差 offset 为：

$$\text{offset} = (t2 - t1) - D_s \tag{2-6}$$

此外，根据是否需要发送 Follow_Up 报文，端延时机制也分为单步模式和双步模式两种。在单步模式下，Sync 报文的发送时间戳 t1 由 Sync 报文自己携带，不发送 Follow_Up 报文，而 t5 和 t4 的差值由 Pdelay_Resp 报文携带，不发送 Pdelay_Resp_Follow_Up 报文；在双步模式下，Sync 报文的发送时间戳 t1 由 Follow_Up 报文携带，而 t4 和 t5 则分别由 Pdelay_Resp 报文和 Pdelay_Resp_Follow_Up 报文携带。

从时钟根据时延测量过程计算出时间偏移的值以后，从时钟修正本地时钟与主时钟保持一致，其值为：

$$\text{newLocalClock} = \text{localClock} + \text{offset} \tag{2-7}$$

其中，localClock 是从时钟原有的本地时钟值，newLocalClock 是修正后的时钟值。

2.2.3　时钟同步可靠性技术

时钟同步的精度和可靠性依赖于同一个域内的主时钟的健壮性，如果主时钟发生故障，时钟同步的可靠性则无法得到保障。在实际网络运行过程中，主时钟可能会出现下电、硬件烧毁等现象。此外，主时钟和从时钟之间的网络链路也可能出现断路的问题，如网线被拔掉、网线断裂等。为了保障时钟同步功能的可靠性，PTP/gPTP 提供了两种方法，即主时钟重选和热备冗余机制。

2.2.3.1 主时钟重选机制

主时钟周期性发送 Announce 报文，该报文用来标识主时钟状态。当主时钟出现故障以后，从时钟将无法接收到 Announce 报文。当从时钟在一定周期内没有接收到主时钟发送的 Announce 报文时，则认为主时钟发生了故障，启动重选机制。从时钟将原主时钟的参数从本地剔除，重新发起 BMCA 流程，待 BMCA 流程结束以后，即重新选出了一个新的主时钟。该主时钟是时钟同步域中剔除原主时钟以后性能参数最优的时钟，时钟同步功能恢复。主时钟重选流程如图 2-10 所示。

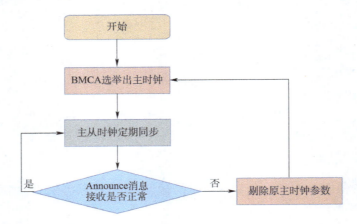

图 2-10　主时钟重选流程

IEEE 802.1AS—2020 协议所提出的重选机制，可以在一段时间后重选出一个新的主时钟，使时钟同步功能恢复正常。但是，该方案仍会导致网络中有一段时间是没有主时钟的，且该时间有可能会较长。假设在原主时钟异常、新的主时钟尚未选出期间，网络出现较多的时延敏感报文传输需求，可能会导致报文无法及时有效传输，导致网络故障。

2.2.3.2 热备冗余机制

TSN 工作组为了进一步解决时钟同步的可靠性问题，提出了热备冗余机制。冗余即提供多份相同或类似的资源，当一份资源不可用时，可使用另一份资源。该机制包括主时钟热备冗余、链路冗余、域冗余等。若采用主时钟热备冗余，即多个主时钟同时工作，当某个主时钟发生异常之后，仍有热备主时钟在正常工作，故对时钟同步功能无影响，可有效解决主时钟故障的情况。若采用链路冗余，即时钟同步报文经过多条不同的链路进行传输，当某一条网络链路发生故障以后，冗余的链路仍然正常工作，报文可正常传输，可有效解决链路故障的问题。

IEEE 802.1AS—2020 协议中的域由一个或多个时间感知设备和链路组成，这些设备和链路满足该标准的要求并且能按照该协议所定义的方式彼此通信。域定义了时钟同步消息通信、状态、操作、数据集和时间刻度等的作用范围,域编号相同的设备和链路位于同一个域,它们之间可以进行时钟同步。同一个时间感知设备可以同时处于几个不同的域户。域冗余是将时钟节点同时设置在两个不同的域内,当某个域的主时钟发生异常以后,仍可与另一个域的主时钟保持同步,同时实现主时钟热备冗余。通过采用冗余机制,能够实现时钟同步功能的无缝切换,保障时钟同步的可靠性。一种时钟同步的冗余结构示意图如图2-11所示。

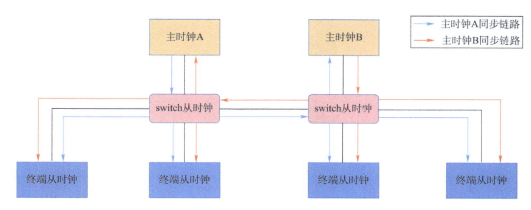

图2-11　一种冗余结构

2.3　车载以太网流量调度技术

流量调度是 TSN 标准中的核心机制,不同类别的业务流量对网络的端到端延时和带宽具有不同的要求。流量调度通过一定的调度算法在所有交换机的出向端口确定每个数据帧的传输顺序和时间,保证所有帧在出口链路上依次传输而不会发生冲突,同时在全局范围联合保证每个帧能够顺利通过传输路径上的所有出向端口,并满足流量各自的延时和带宽要求,使不同类别的业务流量在同一网络上得以共存。TSN 协议簇规定的流量调度技术包括基于信用的流量调度技术、基于时间感知的流量调度技术、基于循环队列的流量调度技术、基于时钟异步感知的流量调度技术、基于帧抢占的流量调度技术等。

2.3.1　基于信用的流量调度技术

IEEE 802.1Qav 协议支持软实时性业务传输,该协议通过优先级到流量等级的映射机制将优先级数值为 3 和 2 的流预留(Stream Reservation,SR)等级 A 业务和 B 业务分别映射进流量等级 7 和流量等级 6 队列中,保证了整个网络中 A 类业务的传输优先级最高,B 类次之。并通过基于信用的流量调度算法(Credit Based Shaper,CBS)对 A 类和 B 类业务完成流量整形,对业务突发进行限制的同时保证了该类业务的 QoS。下面将对 Qav 协议所涉及的关键技术进行简要介绍。

2.3.1.1　SRP 域边界检测

对于每一种 SR 等级而言,其对应的流预留协议(Stream Reservation Protocol,SRP)域是指由一组站点(终端站和网桥)、这些站点各自的端口以及与之相连的局域网构成的集合。具体来说，需满足以下约束条件：SRP 域中的所有站点均采用 CBS 作为该 SR 等级的传输选择算法，所有站点均支持 SRP，在所有站点为 SR 等级设定的优先级完全一致，每个端口要么是 SRP 域内的核心端口，要么是一个 SRP 域边界端口。

网桥的每个端口都有一个参数 SRPdomainBoundaryPort。当该参数值为 TRUE 时，表示该端口是对应 SR 等级的 SRP 域边界端口。如果该参数值为 FALSE，则说明对相应 SR 等级而言，该端口要么是 SRP 域内核心端口，要么不属于该 SRP 域。该参数的具体值由 SRP 给出。

2.3.1.2 优先级重生

对于接收端口收到的每一个数据帧，根据帧标签内携带的优先级信息和接收端口处的优先级重生表，对数据帧的优先级进行重新生成。每个接收端口均有各自的优先级重生表，该表共有八条表项，分别对应八个可能的优先级数值(从 0 到 7)，表项规定了每个接收优先级数值各自对应的重生值。对于标记帧，其标签内包含的优先级被作为接收优先级数值，见表 2-1，接收端口对每一个接收到的数据帧内的接收优先级数值进行识别，并将帧内该字段替换为表 2-1 中相应的重生优先级数值。表中每种接收优先级对应的重生优先级数值是可更改的，其有效值范围为 0~7。

优 先 级 重 生 表　　　　　表 2-1

接收优先级数值	重生优先级(默认)	有效值范围	接收优先级数值	重生优先级(默认)	有效值范围
0	0	0~7	4	4	0~7
1	1	0~7	5	5	0~7
2	2	0~7	6	6	0~7
3	3	0~7	7	7	0~7

而在支持 SRP 功能的网桥中，每个接收端口均维持一张 SRP 域边界端口优先级重生重载表。该表将优先级数值与网桥所支持的每一个 SR 类相关联起来，并指定对应的重生优先级数值。当该接收端口是 SRP 域边界端口时，重生优先级数值根据表 2-2 中的内容进行设置，否则，重生优先级数值采用表 2-1 中内容。简言之，在 SRP 域边界端口处，所有的 A 类帧(优先级默认为 3)和 B 类帧(优先级默认为 2)的优先级均会被重生为 0。而在非 SRP 域边界端口处，各个数据帧的优先级数值保持不变(因为重生后的优先级数值与接收优先级数值相同)。

SRP 域边界端口优先级重生重载表　　　　　表 2-2

SR 类	默认优先级	SRP 域边界端口重生优先级数值	有效值范围
A	3	0	0~7
B	2	0	0~7

表 2-2 中，所有通过域边界端口进入 SRP 域的业务，如果其本身的优先级与该域内 SR

等级的优先级相同,则将这些业务的重生优先级数值设为最低(此处为0),以此来保证其不会对 SRP 域内的原有业务传输造成影响。

表 2-1 和表 2-2 中的数值均可由网络管理人员进行配置和更改,其中每个接收端口处的表项内容可以单独进行设置,且各个端口的表项内容完全独立。此处的重生优先级数值主要用于优先级到流量等级映射。

2.3.1.3　优先级到流量等级映射

通常情况下,每个网桥端口可以维持多条队列,每个队列分别对应一种流量等级,根据每个帧的优先级信息以及该端口的映射表完成数据帧到流量等级的映射。表 2-3 中的列名称优先级表示数据帧的优先级(从 0 到 7),行名称表示端口的流量等级数目。每个端口的流量等级数目可以不同,当流量等级数目等于 8 时,优先级为 7 的帧映射到流量等级 7 中,优先级为 6 的帧映射到流量等级 6 中,优先级为 5 的帧映射至流量等级 5 中;当流量等级数目等于 4 时,优先级为 7 和 6 的帧映射到流量等级 3 中,优先级为 5 和 4 的帧映射到流量等级 2 中,优先级为 3 和 2 的帧映射到流量等级 1 中等,流量等级数目为其他值的情况以此类推。

优先级到流量等级映射表(默认)　　表 2-3

优先级	可用的业务类别							
	1	2	3	4	5	6	7	8
0(默认值)	0	0	0	0	0	1	1	1
1	0	0	0	0	0	0	0	0
2	0	0	0	1	1	2	2	2
3	0	0	0	1	1	2	3	3
4	0	1	1	2	2	3	4	4
5	0	1	1	2	2	3	4	5
6	0	1	2	3	3	4	5	6
7	0	1	2	3	4	5	6	7

在支持时间敏感类业务排队转发的网桥中,所有采用 CBS 算法的流量等级队列的优先级高于采用严格优先级(Strict Priority,SP)算法的流量等级。如无特殊说明,则时间敏感流中的 SR 等级 A(优先级为 3)和 SR 等级 B(优先级为 2)业务均采用 CBS 算法,除此之外的其他流量等级队列采用严格优先级传输算法。

在同时支持 SR 等级 A 和 SR 等级 B 的系统中,优先级与流量等级之间的映射关系见表 2-4,当流量等级数目等于 8 时,SR 等级 A 的帧映射到流量等级 7 中,SR 等级 B 中的帧映射到流量等级 6 中等。当系统只支持 SR 等级 B 时,优先级与流量等级之间按照表 2-5 中的规则进行映射。当系统中不支持 SR 等级 A 和 SR 等级 B 时,优先级与流量等级之间按照表 2-3 中的规则进行映射。

表 2-4　SR 等级 A 和 B 并存时优先级到流量等级映射表

优先级	可用的业务类别						
	2	3	4	5	6	7	8
0（默认值）	0	0	0	0	0	0	1
1	0	0	0	0	0	0	0
2	1	1	2	3	4	5	6
3	1	2	3	4	5	6	7
4	0	0	1	1	1	1	2
5	0	0	1	1	1	2	3
6	0	0	1	2	2	3	4
7	0	1	1	2	3	4	5

表 2-5　只存在 SR 等级 B 时优先级到流量等级映射表

优先级	可用的业务类别						
	2	3	4	5	6	7	8
0（默认值）	0	0	0	0	0	1	1
1	0	0	0	0	0	0	0
2	1	2	3	4	5	6	7
3	0	0	0	1	1	2	2
4	0	1	1	2	2	3	3
5	0	1	1	2	2	3	4
6	0	1	2	3	3	4	5
7	0	1	2	3	4	5	6

此外，时间敏感类业务中优先级到流量等级的映射还需要满足一定的条件，即映射后的流量等级中，必须至少包含一个支持严格优先级传输选择算法的流量等级，该流量等级主要用于网络中不执行带宽预留操作的业务，如尽力而为（Best Effort，BE）业务等。

此外，时间敏感类业务中优先级到流量等级的映射还需要满足一定的条件，即映射后的流量等级中，必须至少包含一个支持严格优先级传输选择算法的流量等级，该流量等级主要用于网络中不执行带宽预留操作的业务，如 BE 业务等。

2.3.1.4　CBS 算法

在每个输出端口处，网桥根据 traffic class 队列各自的传输选择算法，从 traffic class 队列中选择合适的数据帧进行传输。

（1）相关参数。对于采用 CBS 算法的队列，与之相关的参数如下。

①portTransmitRate：端口传输速率，单位为比特/秒（bit/s）。

②transmit：当队列中有数据帧正在传输时其值为 TRUE，帧传输完毕时值为 FALSE。

③credit：队列当前可用于传输的信用值，单位为比特。当队列为空，transmit 参数为 FALSE 且信用值大于 0 时，信用值 credit 会被清 0。

④idleSlope：信用值增长时的变化速率，单位为比特/秒（bit/s），idleSlope 的值始终小于 portTransmitRate。

⑤sendSlope：信用值减小时的变化速率，单位为比特/秒（bit/s）。sendSlope 的定义式如下：

$$sendSlope = idleSlope - portTransmitRate \tag{2-8}$$

⑥transmitAllowed：当信用值非负时值为 TRUE，当信用值为负数时值为 FALSE。

⑦maxFrameSize：对于该 traffic class 业务，端口所能支持的最大帧长。

⑧hiCredit：信用值所能累积的最大值，即上界值。本参数与算法运行时的具体参数相关，而不由管理者直接配置。

⑨loCredit：信用值所能累积的最小值，即下界值。本参数值是 maxFrameSize、portTransmitRate 和 sendSlope 三者的函数，具体关系如下：

$$loCredit = maxFrameSize * \frac{sendSlope}{portTransmitRate} \tag{2-9}$$

⑩maxInterferenceSize：最大干扰业务量，即任何可能使得流量等级帧延迟传输的突发类业务总量。

最大干扰业务量的定义基于以下前提，即所有采用 CBS 算法的流量等级队列的优先级高于采用严格优先级传输算法的流量等级队列优先级。否则，最大干扰业务量的值可能为无穷大，此时 CBS 算法将无法为流量等级提供带宽保证。

hiCredit 的值由最坏条件下的干扰业务量决定，具体如下：

$$hiCredit = maxInterferenceSize * \frac{idleSlope}{portTransmitRate} \tag{2-10}$$

（2）CBS 算法基本原理如下：对于每一个采用 CBS 算法作为其传输选择算法的队列，都维持一个有界的信用值，当队列中有数据帧处于等待传输状态时，该队列对应的信用值按照 idleSlope 的速率增长。当队列中的数据帧正在进行传输时，该队列对应的信用值按照 sendSlope 的速率减小。当前队列为空且信用值大于 0 时，则将信用值直接清 0。只有当头列的 credit 非负时，队列才满足传输条件。

（3）CBS 算法的具体操作如图 2-12 所示。流量等级队列中每次只有一个数据帧在等待传输，并且端口不存在冲突业务时（即当前没有正在传输的业务且没有更高优先级的业务在等待传输，端口处于空闲状态），信用值的初始值为 0。在 $0-t_1$ 期间，由于当前队列为空，没有正在等待传输的数据帧，信用值保持为 0。在 t_1 时刻帧 A 入队，此时由于队列的信用值非负，满足传输条件，帧 A 被立刻从队列中取出，执行传输操作，且在帧 A 传输期间，队列对应的信用值以 sendSlope 的速率持续减小。在 t_2 时刻，帧 A 传输完毕，随后信用值以 icleSlope

的速率持续增加。在 t_3 时刻信用值增长至 0,此后由于队列一直为空,队列的信用值一直保持为 0,直到有新的数据帧入队后,重复执行上述过程。

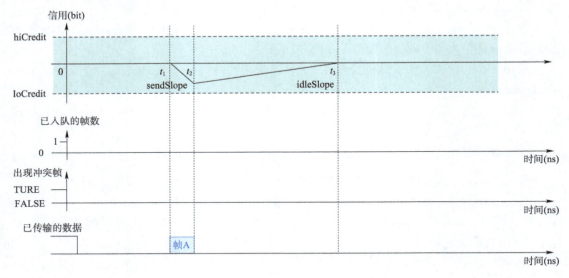

图 2-12 CBS 算法:无冲突业务

在图 2-13 中,同样假设流量等级队列中每次只有一个数据帧处于等待状态。在 0 时刻,队列的信用初始值为 0,此时端口被冲突类业务占用,但由于当前队列为空,信用值仍然保持为 0。在 t_1 时刻帧 A 入队,由于此时冲突类业务尚未传输完毕,帧 A 只能在队列中等待,同时队列的信用值以 idleSlope 的速率持续增加。在 t_2 时刻冲突类业务传输完毕,此时由于队列的信用值大于 0,满足传输条件,帧 A 立刻进入传输状态,在传输过程中信用值以 sendSlope 的速率持续减小。在 t_3 时刻帧 A 传输完毕,虽然此时信用值仍然大于 0,但由于队列为空,将信用值清 0。

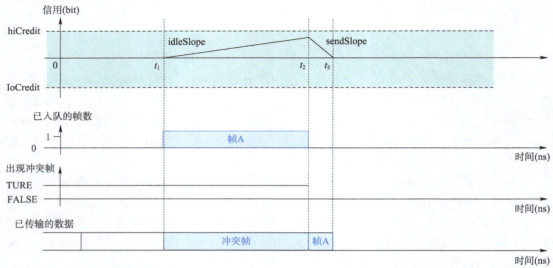

图 2-13 CBS 算法:有冲突类业务

图 2-14 中所示为业务突发的情况。同样地,在 0 时刻,队列的信用初始值为 0,此时端口被冲突类业务占用,但由于队列为空,信用值仍然保持为 0。从 t_1 时刻开始,帧 A、B 和 C 依次陆续入队,由于端口仍被占用,队列中的数据帧均处于等待状态,因此,队列的信用值以 idleSlope 的速率持续增加。在 t_2 时刻,冲突类业务传输完毕,随即开始传输帧 A(队列特性为先进先出),同时信用值以 sendSlope 的速率持续减小。在 t_3 时刻,帧 A 传输完毕,由于此时的信用值仍然大于 0,立刻接着传输帧 B,信用值递减。在 t_4 时刻帧 B 传输完成,此时虽然队列非空(帧 C 处于等待状态),但由于队列信用值已经为负数,不再满足传输条件,帧 C 继续在队列中等待,同时信用值以 idleSlope 的速率持续增加。在 t_5 时刻,信用值增长至 0,队列满足传输条件,立即开始传输帧 C,同时信用值以 sendSlope 的速率持续减小。在 t_6 时刻,帧 C 传输完毕,队列状态变为空,此后信用值以 idleSlope 的速率持续增加至 0。

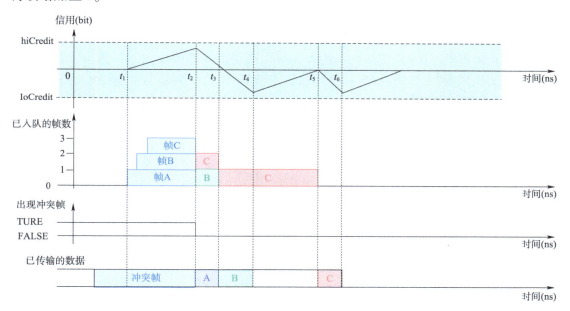

图 2-14 CBS 算法:业务突发

2.3.1.5 带宽相关参数

bandwidthFraction 表示预留给当前流量等级队列的带宽占整个端口传输带宽的比例,具体推导过程如下。

当有连续的数据帧在队列中等待传输时,每次信用值增长至 0 时均会开始一次新的传输过程,假设每次传完一帧之后信用值恰好递减至 loCredit,则 bandwidthFraction 的值等于该队列中数据帧的传输时间占用整个端口的时间比例。因此,

$$\text{bandwidthFraction} = \frac{\dfrac{\text{loCredit}}{\text{sendSlope}}}{\dfrac{\text{loCredit}}{\text{sendSlope}} - \dfrac{\text{loCredit}}{\text{idleSlope}}}$$

$$= \frac{\text{idleSlope}}{\text{idleSlope} - \text{sendSlope}} = \frac{\text{idleSlope}}{\text{portTransmitRate}} \quad (2\text{-}11)$$

如果一个采用 CBS 算法的流量等级队列实际使用的带宽小于为其预留的带宽,则这部分未使用带宽可以转用于其他较低优先级的流量等级,但也需要满足一定的条件。对于采用严格优先级传输算法的流量等级队列,可以使用高优先级队列未使用的带宽。而对于同样采用 CBS 算法的流量等级队列,则不允许使用该部分带宽。因为,这会导致其实际使用带宽超过为其预留的带宽。

2.3.2 基于时间感知的流量调度技术

TSN 工作组制定了 IEEE 802.1Qbv 标准,以实现网络中业务流量的精准转发控制。该标准中定义了时间感知整形器(Time Aware Shaper,TAS),TAS 通过一种类似于现实生活中的门结构,通过门的打开和关闭来对网络流量进行实际的控制,减小由突发或异常请求而产生的某个流的流量超过预留带宽资源的情况所带来的影响。TAS 门控制除了更好地保障预留资源的有效性以外,还可以借助其周期性的门控制列表,为帧的传输提供一个可预测的延迟。TAS 门结构还可以调整门控制列表,以按照预留情况调整流量上的限制。通过周期性地开关某个门,让队列中的帧在可以预测的发送窗口中进行传输。TAS 门可以让接入的队列在一个可知的时间段内执行出队操作,门的数量与网口中发送队列的数量相等,每个队列后都接入一个 TAS 门,这个门具有开启、关闭等状态。根据门的状态的不同,可以控制门所接入的队列是否允许进行出队操作。因此,TAS 通常被称为门控整形器。

IEEE 802.1Qbv 门控机制的基本原理如图 2-15 所示。TAS 要求所有时间触发的窗口同步,即从发送者到接收者的所有网桥设备的时钟必须及时同步。TAS 根据时间的调度来控制门打开或关闭,只有在门打开时,才允许发送报文。1 或 0 分别用于打开或关闭某个队列。门控列表(Gate Control List,GCL)周期性地执行,其中每个循环时间包含一个 GCL 执行。

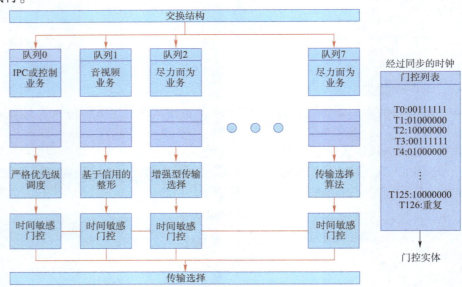

图 2-15 门控机制示意图

作为门控整形器的核心,门控列表计算的准确度对于流量整形的效果有很大影响。网络部署者需要根据已知的或预测的网络流量情况计算合理的门控列表。通常情况下,网络中较高优先级的流量与较低优先级的流量需要交替传输。如果将时隙完全分配给网络中的各个流量,会不可避免地出现到达高优先级流量传输时隙时,低优先级流量仍然占用交换机传输端口的情况。因此,在 TAS 部署时,通常在低优先级流量传输时隙的末端添加保护带,对于在保护带内到达网络的低优先级流量,若判定其会影响到下一时隙高优先级流量的传输,则不发送该低优先级流量的报文。保护带的长度由网络中传输的低优先级帧大小的最大值来确定。

2.3.3 基于循环队列的流量调度技术

TSN 在其 IEEE 802.1Qch 协议中定义了循环排队和转发(Cyclic Queuing and Forwarding, CQF)机制,也称为蠕动整形器,作为一种同步入队和出队的操作。同步操作有效地允许设备以循环方式同步它们的帧传输方式,实现零拥塞丢失和有界延迟,并且独立于网络拓扑。

CQF 是一种流量整形方法,它可以为时间敏感流量提供确定性的延迟,且时延易于计算。顾名思义,CQF 的基本原理是业务流以循环的方式在网络路径中进行传输及出入队操作。在 CQF 中,时间被划分成编号为 $i, i+1, i+2, \cdots i+N$ 的时间间隔,每个时间间隔的长度都为 d。由网桥 A 在时间间隔 i 期间所发送的帧,在时间间隔 i 内被下游网桥 B 接收,网桥 B 在时间间隔 $i+1$ 期间向网桥 C 进行传输,依此类推。CQF 的一个初始假设是,对于给定的流量类别,连接到特定网桥的所有网桥和所有终端站按照已知的精度,对周期 i 的开始时间和周期的持续时间 d 有相同的理解。

网桥 A 在区间 i 发送的帧由网桥 B 在区间 $i+1$ 发送,给定帧所经历的最大可能延迟是从 i 的初始时刻开始到 $i+1$ 的最后时刻结束,即 $2d$。同样,给定帧所经历的最小可能延迟是从 i 的结束时刻到 $i+1$ 的开始时刻,其值为 0。更为一般的,基于 CQF 模型,帧在网络中交换的最大延时为:

$$D_{\max} = (h+1) \times d \tag{2-12}$$

最小延时为:

$$D_{\min} = (h-1) \times d \tag{2-13}$$

其中,h 为传输路径跳数。

CQF 作为一种处理时间敏感流量的技术,具有一定的吸引力。它所引入的帧传输的网络延迟完全由周期时长和跳数决定,并且不受任何其他拓扑因素的影响,也不受来自其他非时间敏感业务流量的干扰。但是,CQF 的基本原理仅在帧只在分配给它们的周期内保持的前提下才成立。例如,如果某些预期由网桥 B 在周期 i 内收到的帧直到周期 $i+1$ 才开始出现,那么关于最大延迟计算的所述假设将不再成立。谨慎选择循环时间间隔、网络中所有网桥之间的循环时间严格对齐、一个周期内第一个和最后一个传输时刻的严格定义等,都会影响网络是否能够实现有界低时延。

在 CQF 中，通过某个中间中继（例如网桥 B）的任何延迟都不会影响端到端延迟，因此，网桥 B 的性能不影响帧的时间间隔的正确分配。

由于处理时间敏感流的目标之一是零帧丢失（假设不存在无法识别的不合格流量），谨慎的做法是假设接收是连续的，下游系统接收到的帧将始终分配给某一个间隔，这样能够减轻传输系统正确地进行间隔分配的大部分负担。如果在接收时可能出现不正确的间隔分配，则帧不应该发送。

当网桥 B 尝试在周期 i 处开始接收从介质中传出的帧时，可能会考虑一些已知的和可重复的内部延迟因素，这些因素会影响网桥 B 对报文的接收方式，网桥 B 实际开始接收的时间取决于：

① 网桥 B 的时钟同步误差；
② 网桥 B 使用该时间的最大偏差（抖动）；
③ 网桥 B 没有考虑的其他延迟，例如选择用于 i 的输出队列所带来的延迟。

从 CQF 描述了一定数量的连续间隔的方面来看，它给出了如何处理那些所选择的传输间隔已过期，但仍然在排队的报文的简单答案，那就是丢弃它，或将其标记下来并产生警报。在业务流带宽分配合理的环境中，报文被丢弃将是一种罕见的情况，随后的流量将是一致的，并且整个系统的性能是可恢复的。另外，往往假设每条链路的速度都是相同的，实际上，并不是所有链路的速度都是相同的。当考虑不同速度的链路时，情况会变得更复杂。链路速度不同时的场景，对时间间隔的分配算法提出了更高的要求。

一种支持循环队列转发机制的缓存方式如图 2-16 所示。对每个输出端口，均维护一组"乒乓"式的缓存空间，以缓存该端口的时间敏感网络数据流。经过全局网络精准时间同步的计时器，实时地将计时信息传输给入队管理和出队管理。入队管理和出队管理模块，则维护图 2-17 所示的数据入队出队时间关系。本质上，该方法使用了两个传输队列和一个循环计时器。由于无须考虑排头阻塞问题，这种队列缓存方式能最大地降低数据流在入队/出队过程中引入的时延。

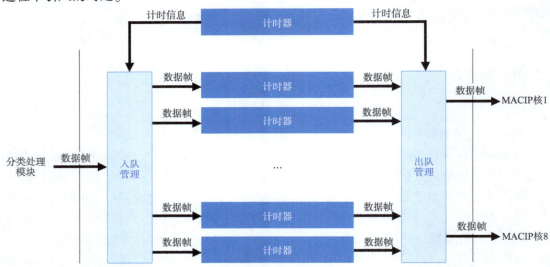

图 2-16　循环队列缓存示意图

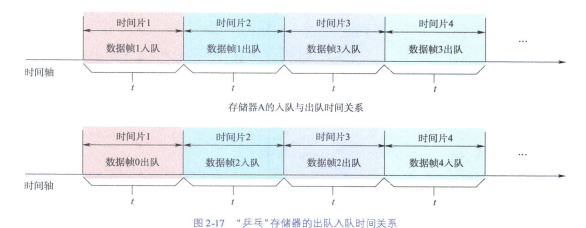

图 2-17 "乒乓"存储器的出队入队时间关系

在图 2-17 中,使用了两个不同的队列和一个定时器,定时器用于时间片循环和计时。在时间片 1 中,数据帧 1 进行入队操作,数据帧 0 则进行出队操作;在时间片 2 中,数据帧 1 进行出队操作,数据帧 2 则进行入队操作;依次类推。可见,同一个时间片下,两个队列成对工作,如果一个队列执行出队操作,则另一个队列只能执行入队操作。

2.3.4 基于时钟异步感知的流量调度技术

TAS 时间感知整形器需要网络的时钟同步作为基础,而为了应对更多的场景,TSN 制定了一些异步调度方案用于网络不能有效进行时钟同步的情况,通过引入异步调度方案或整形设备,以适用于更多的业务场景。IEEE 802.1Qcr 标准规定了网桥和终端站在具有恒定比特数据速率的全双工链路上执行异步流量整形的程序和管理对象,还规定了互连单个局域网的网桥,每个网桥都支持 IEEE 802 MAC 标准。

异步流量整形器(Asynchronous Traffic Shaper, ATS)由 IEEE 802.1Qcr 标准定义,是基于紧迫度调度器(urgency-based scheduler, UBS)的异步整形机制,适用于满足漏桶速率限制的所有周期或非周期流量,即任意时间间隔 d 内,流 Si 的累计数据量为:

$$W_i(d) <= b_i + r_i \times d \tag{2-14}$$

b_i 为突发程度,r_i 为漏桶速率。ATS 在每个出端口设置 2 层队列:整形队列和优先队列。每个整形队列设单独的整形器,能够对队列中的多条流进行交叉整形;优先队列决定输出流量的优先级,队列与优先级一一对应。到达出端口的流量先进入整形队列,整形器为队中的每条流单独维护 1 个时间戳,记录该流最近 1 次传输帧的时刻,并采用漏桶算法或令牌桶算法确定下一帧的传输时刻,以此限制每条流的传输速率。每条优先队列从所有整形队列的出口收集相应优先级的流量,队列间按严格优先级传输。ATS 中每个交换机根据本地时间对流量进行整形和优先级调度,不需要全局时钟同步。因此,在扩展性上优于 TAS、CBS 以及 CQF。ATS 通过重新对每个跳转的 TSN 流整形,以获得流模式的平滑,实现每个流排队,并使得优先级紧急的数据流可以优先传输。ATS 以异步形式运行,桥和终端节点无须同步时间。ATS 可以更高效地使用带宽,可运行在高速连接应用的混合负载时间,如周期和非周期数据流。

当使用每流过滤和监管(Per-Stream Filtering and Policing,PSFP)或ATS时,会针对接收到的帧做出过滤和监管决策,并支持后续排队和传输选择决策,步骤如下。

①每个接收到的帧都可以与被规定的流过滤器相关联。如果指定了匹配流过滤器,则用于处理帧。通配符流过滤器可以配置为匹配和丢弃与指定流无关的帧。如果没有找到匹配的流过滤器,则该帧将按照规定排队等待传输。

②如果流过滤器指定最大分段数据单元(Segment Data Unit,SDU)大小过滤,则用于处理帧。如果超过最大SDU大小,则可以丢弃该帧。ATS调度程序状态机操作假定它处理的帧的大小小于或等于相关的CommittedBurstSize参数。

③流过滤器指定一个流门,用于处理帧。如果在允许的接收间隔之外接收到该帧或超过了接收间隔内的给定数据限制,则可以丢弃该帧。帧的优先级可以映射到一个内部优先级值(Internal Priority Value,IPV),该值可以影响随后的排队决策。

④如果流过滤器指定了一个流量计,它用于处理帧。如果超过流量计的流量限制,则可以丢弃该帧或将其标记为符合丢弃条件。如果同时支持PSFP和ATS,则可以使用流量计和ATS调度程序配置给定的流过滤器。

⑤如果流过滤器指定了一个ATS调度器,它用于处理帧。它计算帧的合格时间以供ATS传输选择算法后续使用。如果超过最大合格时间,则可以丢弃该帧。

在终端站的ATS中,网桥中ATS流量类别的操作被规定为ATS的每流分类和计量和ATS传输选择算法的结合。为了使终端站发起的数据流能够利用网桥中的ATS流量类别,要求通话器以符合要求的方式发射数据流,并且网桥中的ATS调度器状态机和ATS调度器组的参数是一致设置的。

通话器中的ATS流量类模型如下:作为通话器的终端站必须发出与网桥中ATS调度器状态机的操作一致的流。终端站应在出口端口表现出该模型的传输行为。在这个模型中,通话器端口由ATS调度器实例组成,它为出口端口的所有发射流的帧分配资格时间,然后是每个流量类别的队列,对其执行ATS传输选择算法。ATS调度器实例和流之间的关系是一对一的,每个调度器状态机都与一个专门的调度器组相关。这有效地消除了多个流与一个ATS调度器实例的关联,以及ATS调度器组对多个ATS调度器实例的耦合。

2.3.5　基于帧抢占的流量调度技术

在TAS时间感知整形器的介绍中提到,在门控列表的设置中,考虑到了防止高优先级流量被干扰的情况,在门控列表的控制中设置了保护带,但是保护带的使用也降低了网络的带宽利用率。因为在保护带期间,高优先级和低优先级的流量均不会传输。近来的研究出现了很多设法降低保护带的方法,都取得了不错的实验效果。

2.3.5.1　帧抢占机制

TSN制定的IEEE 802.1Qbu & 802.3br协议所述的帧抢占机制可以解决这一问题。帧抢占技术属于OSI七层参考协议中数据链路层的MAC子层,如图2-18所示。帧抢占技术的核心思想是,高层与MAC子层有两条独立的数据通道,分别传输能中断其他业务发送、优先级较高的快速帧(Express Packet,EP),和数据发送过程能被快速帧中断、优先级较低的可抢占帧(Preemptable Packet,PP)。快速帧通过MAC子层的e MAC被组装成

mPacket 帧格式的数据帧,而可抢占帧通过 pMAC 进行 mPacket 帧的组装。所有的 mPacket 帧均通过数据链路层与物理层之间仅有的一个媒体独立接口与物理层进行数据的交互。TSN 中的物理层与传统以太网的物理层是一致的,以保障 TSN 网络对传统以太网设备的兼容性。

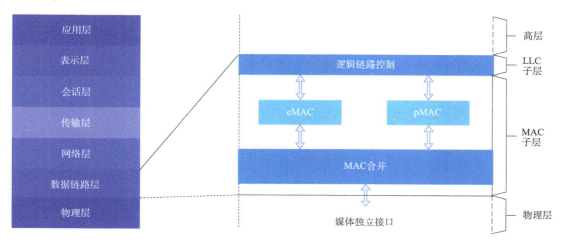

图 2-18　帧抢占在 OSI 模型位置示意图

如果按照传统以太网数据帧的传输方式,当一个数据帧在进行传输的时候,该数据帧是不能被打断的。假设在每个周期的时间片 1 内,当前节点传输的是低时延要求的高优先级数据流的数据帧,在每个周期的时间片 2 内,当前节点传输的是对时延要求较低的低优先级数据流的数据帧,则可能会出现图 2-19 所示的问题。当在时间周期 1 的时间片 2 内传输的低优先级数据流的数据帧 1 的传输完毕后,继续传输低优先级数据流的数据帧 2,由于低优先级数据流的数据帧 2 较大,在时间周期 1 的时间片 2 内未能传输完毕。因此在时间周期 2 的时间片 1 内继续传输,这将引起高优先级数据流的数据帧 2 的时延增加。在最坏情况下,低优先级数据流的数据帧 2 长度为 256 Bytes,并且仅在时间周期 1 时间片 2 内的第一个时钟传输数据,剩余数据均在时间周期 2 内传输。假定数据传输速率为 100Mbit/s,加上 12Bytes 的帧间隔与 8Bytes 的前导码,高优先级数据流的数据帧 2 的传输时延将增加 22μs,数据帧经过 5 跳,则由于冲突引发的时延将达到 110μs,显然,对于流量等级要求较高的数据流,不能满足其 100μs 以内的最大期望延迟。

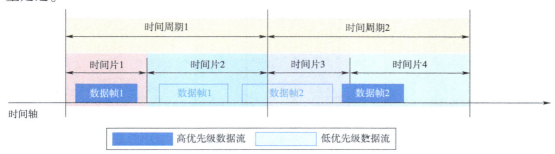

图 2-19　时间片传输冲突

为了应对这种干扰,一种切实可行的办法是在传输低优先级数据流的时间片 2 的末尾添加保护带,以防止低优先级数据帧进入时间片 1,如图 2-20 所示。在保护带内,未传输完毕的数据帧可以继续传输,未开始传输的数据帧必须停止传输,以防止低优先级数据帧侵入时间片 1。当数据帧的帧长取 256Bytes,帧间隔取为 12Bytes,传输速率为 100Mbit/s 时,算上 8Bytes 的前导码,传输时间为 22.08μs,因此,保护带的长度必须大于 22.08μs,这种静态的保护带将显著地降低数据链路的有效带宽。

图 2-20 保护带示意图

为了提升数据链路的有效带宽,可以将静态保护带调整成动态保护带,来尽可能小地减少保护带的影响。系统根据当前时间点,待发送数据帧帧长,帧间隔与链路传输速率和时间周期 2 的开启时间点判定数据帧能不能发送。因此,保护带的长度被调整成了时间周期 2 开启的时间点和时间周期 1 的最后一个能发送的数据帧的传输结束点的差值,这是一个动态的数值,该数值取决于网络中的数据流状态,仍具有随机性。当网络中的数据帧较长时,动态保护带十分冗长,仍然存在有效带宽较低的情况。

2.3.5.2 mPacket 帧格式

帧抢占机制发送端的核心是 mPacket 组帧,接收端的核心是 mPacket 帧的识别、分类和重组,因此 IEEE802.3br 定义的 mPacket 帧格式和传统以太网帧格式有着比较大的差异。传统以太网帧格式如图 2-21 所示。需要注意的是,由于 mPacket 帧的帧长介于 64Bytes 到 1518Bytes 之间,因此当帧抢占发生的条件是,当前传输的可抢占帧的 mPacket 帧长不小于 64Bytes,并且可抢占帧剩余的数据组成的 mPacket 帧也不小于 64Bytes。在此种情况下,快速帧需要等待 123Bytes 的数据,以及 12Bytes 帧间隔的时间再进行传输。在 100Mbit/s 的网络条件下,每跳额外引入的最高时延为 10.8μs,相较于未采用帧抢占机制,时延降低了一半多。

前导码	帧定界符	目的MAC	源MAC	长度/类型	数据/填充	帧校验序列
7B	1B	6B	6B	2B	46B~1500B	4B

图 2-21 传统以太网帧格式

(1)类型。
按照 mPacket 帧承载的数据内容,mPacket 帧可能分为以下几种类型:
①发送节点发送的,用于确定接收节点是否支持帧抢占功能的验证帧;
②接收节点响应的,用于响应接收节点是否支持帧抢占功能的响应帧;
③承载快速帧所有有效数据内容的 mPacket 帧;

④承载未被快速帧抢占的可抢占帧中所有有效数据内容的 mPacket 帧;
⑤承载被快速帧抢占的可抢占帧的首部分有效数据内容的 mPacket 帧;
⑥承载被快速帧抢占的可抢占帧的中间部分有效数据内容的 mPacket 帧;
⑦承载被快速帧抢占的可抢占帧的末尾部分有效数据内容的 mPacket 帧。

TSN 中的物理层与传统以太网一致,无法添加额外的物理控制信号来区分以上 7 种类型,因此 mPacket 帧中对部分字段进行了适当的修改,以进行数据的分类和排序。针对类型 1、2、3、4、5,定义了图 2-22 所示的第一类 mPacket 帧格式。

前导码	帧定界符	数据	帧校验序列
7B	1B	60~1514B	4B

图 2-22　第一类 mPacket 帧格式

针对类型 6、7,定义了图 2-23 所示的第二类 mPacket 帧格式。

前导码	帧定界符	片段计数	数据	帧校验序列
6B	1B	1B	60~1514B	4B

图 2-23　第二类 mPacket 帧格式

(2)字段。

mPacket 帧格式的各个字段详细说明如下。

①前导码:起接收同步作用,在第一类帧格式中,前导码由 7 个 0x55 组成,第二类帧格式中,前导码由 6 个 0x55 组成。

②帧定界符:标识 mPacket 帧的帧类型和帧排序。情况 4 和情况 5 的 mPacket 帧,需要循环使用 SMD-S 号,而情况 6 和情况 7 的 mPacket 帧,则使用和情况 5 的 mPacket 帧对应的 SMD-C 号。依据 SMD-S 和 SMD-C 的值,接收节点区分不同类型 mPacket 帧。

③数据:承载数据,长度为 60Bytes 到 1514Bytes。类型 3 和类型 4 的 mPacket 帧承载以太网帧格式中目的 MAC 地址、源 MAC、长度/类型、数据/填充字段等所有数据内容,类型 5、类型 6 和类型 7 的 mPacke 帧的数据为对应以太网帧格式的部分内容。而类型 1 和类型 2 的数据域均由 0x00 填充,且长度为 60Bytes。

④片段计数:用于 mPacket 帧排序,仅在类型 6 和类型 7 的 m Packet 数据帧中存在。对于属于同一个可抢占分组的,且为类型 6 或者类型 7 的 mPacket 帧,片段计数值从 0 到 3 进行模 4 自增。当 mPacket 帧在传输链路上出现错误被丢弃时,接收节点则可以通过该值的不连续性,判定该可抢占分组出现传输错误,并将该可抢占分组的所有 mPacket 帧丢弃。片段计数字段可以检测 mPacket 帧连续丢失数小于 4 时的错误情况。

⑤帧校验序列:用于接收节点校验接收到的 mPacket 帧是否在传输过程中出现错误,同时区分类型 6 和类型 7 的 mPacket 帧。当 mPacket 帧为类型 3、4、7 时,帧校验内容即为 mPacket 帧的数据域通过循环冗余校验算法计算出来的校验值,当 mPacket 帧为类型 1、2、5、6 时,帧校验内容为 mPacket 帧的数据域通过循环冗余校验算法计算出来的校验值与 0x0000FFFF 进行异或运算的数值。这样,接收节点通过校验帧内容,既能判断 mPacket 帧在链路传输过程中是否出现错误,又能判断当前 mPacket 帧是否为可抢占分组的尾 mPacket 啷。

2.3.5.3 帧抢占机制实现方法

帧抢占机制中将网络中的数据帧划分为可抢占帧与非抢占帧,在非抢占帧占据网络端口传输时,如果抢占帧需要传送,交换机端口可以中止非抢占帧的传输。可抢占帧又称为高速帧,非抢占帧又称为低速帧,抢占动作根据切片时机不同,将传输中的低速帧分成固定长度的部分。不可再分割的部分传输结束且高速帧传送完毕后,将被暂停的后续分片补上合适的前导码,继续进行传送。接收端会根据前导码中的字段来判断该帧属于哪种类型,并根据前导码分类,将被切片的帧重新组装成为原帧,再正式接收下来。帧抢占操作示意如图 2-24 所示。

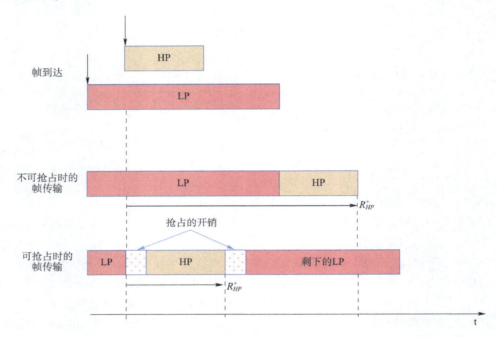

图 2-24 帧抢占操作示意图

图 2-24 中,假设存在高优先级(High Priority,HP)和低优先级(Low Priority,LP)两种不同优先级的帧,其中 HP 的优先级高于 LP。当 LP 传输时,帧 HP 到达。在非抢占情况下,HP 必须等待 LP 完成传输后才能发送。这导致了 HP 较长的传输延迟 R_{HP}^+。在帧抢占情况下,HP 可以抢占帧 LP 的传输,以允许较高优先级的帧 HP 尽早发送。但帧 LP 的第一个片段必须以循环冗余校验(Cyclic Redundancy Check,CRC)终止,然后是帧间保护带,因此无法立即发送 HP,需要给 LP 帧加上 CRC 校验码再进行 HP 的传输。传输完成帧 HP 后,将恢复 LP 帧的传输。

2.4 车载以太网流量控制与管理技术

2.4.1 流量过滤与接入控制

IEEE 802.1Qci 每流过滤和监管(Per-Stream Filtering and Policing,PSFP)协议,也称为入

口监管协议。它基于规则匹配实现独立的流量过滤和监管功能,可防止流量过载,改善网络健壮性。IEEE 802.1Qci 基于流的 StreamID 识别各个流,识别出的流可以用于过滤、处理和最终入队等操作,IEEE 802.1Qci 对报文的处理流程如图 2-25 所示。

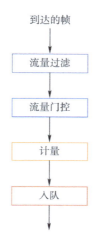

图 2-25　IEEE 802.1Qci 处理流程

IEEE 802.1Qci 作为 TSN 标准安全协议的一部分,它对每个流量都进行过滤和管理,其数据流滤波器包括数据流 ID、优先级、滤波值、计量、计数器等。IEEE 802.1Qci 还能够检测报文是否在允许通过的时间段内接收到,如果不满足条件,报文就会被过滤和丢弃,不会对网络造成任何影响。IEEE 802.1Qci 可以应对类似于分布式拒绝服务(Distributed Denial of Service,DDoS)这样的网络攻击,假如一个数据流流量突然增大,并有可能挤压另一个数据流的带宽时,入口监管策略就会对数据流进行整形,从而防止流量过载。

2.4.2　流量管理技术

要实现网络的确定性传输,需要对网络中的流量情况进行全局感知与管理,并提前为各个业务流量分配计算资源和网络资源,让业务流量能够及时、稳定地传输。

2.4.2.1　带宽预留

IEEE 802.1Qat 协议中,定义了流预留协议(Stream Reservation Protocol,SRP)。该协议提供了一套完整的沿路预留机制,目的是解决网络中音视频实时流量与普通异步流量间的资源竞争问题。对于应用了 SRP 的设备,设备上各业务流在实际发送之前,需要先在传播路径上预留出必需的资源。当且仅当路径上各节点均能够预留成功后,才允许实际业务流的传送。SRP 以多重注册协议(Multiple Registration Protocol,MRP)为基础提供 MSRP 应用,能够管理与带宽预留相关的参数。数据发送方在传输数据之前,发送带宽预留声明,沿路径各个交换机接收到该声明,如具有足够未被占用和预留的带宽分配给该流,则会在端口处注册该声明,并沿数据流发送路径继续声明,直至接收方接收到该声明。此后,接收方沿原路径发送预留反馈报文,包括预留成功和预留失败的情况,直至传递至数据发送方,则带宽预留过程完成。带宽预留示意如图 2-26 所示。

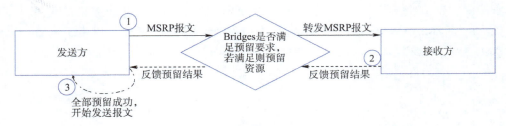

图 2-26 带宽预留示意图

2.4.2.2 配置管理

IEEE 802.1Qcc 提供了在全局范围内管理和控制网络的一系列工具。IEEE 802.1Qcc 定义了集中网络配置控制器(Centralized Network Configuration controller,CNC)节点用于实现网络接口(User Network Interface,UNI),UNI 提供了一套基于二层服务的通用请求接口。此外,CNC 与 UNI 通过远程管理协议,支持集中管理资源预留、调度和其他类型的配置,如 NETCONF 或 RESTCONF。

TSN 工作组在其 IEEE 802.1Qcc 协议中提出网络流量管理及网络资源预留与软件定义网络(Software Defined Network,SDN)相结合的方法。软件定义网络是一种将网络控制面与数据面相分离的技术,在软件定义网络的体系架构里,交换机只负责按照控制器的指令进行简单的数据转发,而网络中的计算功能全部上交给控制器完成,包括预留带宽资源的功能也由控制器实现。

对于完全集中式架构的网络,集中用户配置控制器(Centralized User Configuration,CUC)节点通过标准的 API 与 CNC 通信,可以用于发现终端,检索终端能力和用户需求,并且可以在终端上配置时延以优化 TSN 功能。完全集中式架构如图 2-27 所示。

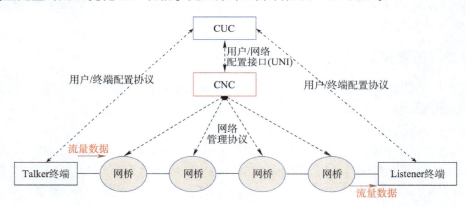

图 2-27 完全集中式配置模型

发送者终端站和接收者终端站分别是数据流的发送方和接收方;网桥可以是不同形态的二层桥接设备,如工业交换机、具有二层交换网口的工业设备等;CNC 控制器与 CUC 控制器不一定为独立的实体设备,可作为软件功能模块嵌入交换机系统中。

一般的,完全集中式配置模型的控制面工作流程如下:新增数据流时,CUC 代表 Talker、Listener 将用户需求信息告知 CNC;CNC 根据获得的信息,执行相应的运算,并将得到的网络配置参数分别下发给网络中相关的各个 Bridge;各个 Bridge 根据收到的配置信息,即可在转发数据帧时使用相应的策略。图中的终端站配置协议(End Station(user) Configuration Protocol)代表 CUC 收集用户信息、对用户进行配置的协议流程,一般认为该过程不属于 TSN 技术的范畴。

除完全集中式配置模型外,还可使用混合式配置模型,即用户配置是分布式的、网络配置是集中式的,如图 2-28 所示。

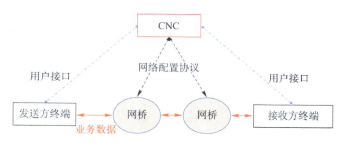

图 2-28　混合式配置模型

一般的,混合式配置模型的控制面工作流程如下:新增数据流时,发送者、接收者将用户需求信息告知 CNC,即图中黑色虚线(代表用户网络接口)所示;CNC 根据获得的信息,执行相应的运算,并将得到的网络配置参数分别下发给网络中相关的各个 Bridge,即图中红色实线(代表网络配置)所示;Bridge 根据收到的配置信息,即可在转发数据帧时使用相应的策略。由此可见,完全集中式配置模型和混合式配置模型的主要差异在于用户网络接口不同,以及该接口的用户侧是 CUC 还是 Talker/Listener。

2.5　车载以太网可靠性技术

2.5.1　环网冗余技术

节点备份是一种应对核心节点故障的经典解决方案。在核心节点故障之后,由人工或软件自动检测的方式发现故障并切换至备份节点。但是,这种切换方式存在一定的切换中断时间,而部分节点是完全不允许故障的。因此,在 TSN 中设计了一些冗余方案,包括链路冗余和节点冗余等方式。链路冗余和节点冗余需要增加额外的节点资源和网络链路,是一种以资源换取可靠性的方式。常见的冗余结构是环形结构,它可以实现较高等级的网络可靠性,一种环网冗余拓扑如图 2-29 所示。

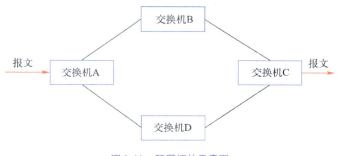

图 2-29　环网拓扑示意图

图 2-29 中,报文到达交换机 A 后,A 可以对报文进行复制,副本和原报文经过不同的端口和链路传输。报文及其副本到达交换机 C 后,交换机 C 可以执行报文合并和消除操作,实现报文的有效接收。采用此种环形结构,当网络出现故障,比如交换机 B 或者交换机 D 毁坏、链路 AB 或者 BC 断路时,报文或其副本仍然可以经由其他交换机和链路传输到交换机 C,保障了传输网络的可靠性。

2.5.2 帧复制与消除技术

TSN 工作组制定了 IEEE 802.1CB 协议,实现帧复制和消除(Frame Replication and Elimination for Reliability,FRER)功能,以支持无缝冗余。对于不能容忍数据丢失的应用(例如控制应用),通过采取主动措施,来保障通信的可靠性。IEEE 802.1CB 能够检测并减轻由于 CRC 错误、链路中断等所引起的问题。时间敏感型数据帧会被扩展,它包括一个序列号,按照每个帧占用网络中的一条单独路径的情况进行复制。在网络中的任何网桥或合并点上,当这些单独的路径再次汇合到一起时,将从数据流中消除重复的帧,从而允许应用程序无损接收数据帧。即使某一个副本不能到达目的地,重复的帧仍然可以从其他路径收到,以额外的网络资源为代价,有效地实现了无缝冗余。IEEE 802.1CB 协议的示意如图 2-30 所示。

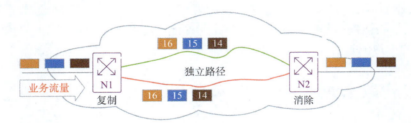

图 2-30　IEEE 802.1CB 协议示意图

IEEE 802.1CB 定义了一系列算法,用于实现帧复制和消除功能:

(1)序号生成算法,序号生成器的值从 0 开始,将生成的值拷贝到报文中后,增量加 1,当达到最大值后,翻转为 0。

(2)流分裂功能,流分裂功能将带有序号的报文复制为相同的 1 份或者多份,从不同的端口发出,通过冗余的链路转发。

(3)流恢复算法,IEEE 802.1CB 定义了 2 套流恢复算法,分别是向量恢复算法和匹配恢复算法:

①向量恢复算法认为收到的第一个数据包有效。在第一个数据包被接收后,所有后续数据包都会做校验:如果新收到的数据包在上一个报文的接收序号窗口内,才会被接收并记录;如果报文序号已经记录接收过,则丢弃;如果在接收序号窗口之外,就会被丢弃。接收序号窗口的算法为:报文的序列号 ± frerSeqRcvyHistoryLength(默认值为 2,可以配置)。每个数据包被接收并传递后都会重置计时器变量 RemainingTicks,如果该计时器减为 0,则表示在指定时间未接收任何数据包,然后重置算法,接收的下一个数据包认为是第一个有效的数据包。

②匹配恢复算法认为收到的第一个数据包有效。在第一个数据包被接收后,所有后续

数据包都匹配接收的最后一个数据包序号之后的序列号；如果报文序号已经记录接收过，则丢弃；如果不匹配就丢弃。接收并传递的报文都会重置计时器变量 RemainingTicks。如果该计时器减为 0，表示指定时间内未接收任何数据包，然后再次重置算法，接收的下一个数据包认为是第一个有效的数据包。

此外，IEEE 802.1CB 还在帧结构中定义了冗余标签，用于发送和识别消除或复制的报文，冗余标签中的协议类型的取值为 0XF1C1。

2.6 车载以太网应用场景

车载以太网的应用场景发展可以分为以下几个阶段，分别是局部网络应用（例如基于通过以太网协议进行的诊断通信（Diagnostic communication over Internet Protocol，DoIP）办议的诊断通信技术）、子网络级应用（通过以太网技术实现特定的子系统，例如高级驾驶辅助系统（Advanced Driving Assistance System，ADAS）、基于 AVB 协议的娱乐系统等）以及架构级应用（用车载以太网作为骨干网，连接动力、底盘、车身、娱乐等汽车的各个功能域，实现整车级的以太网架构）。

汽车行业的第一个以太网应用是车载诊断（On Board Diagnostics，OBD）和 ECU 闪存的更新。为了在给定的时间范围内读取诊断数据和更新软件，带有 CAT 5 的以太网 100BASE-TX 被用来连接车辆和诊断测试设备。以太网的高带宽特性节省了服务和生产检测的时间和成本。国际标准化组织（International Organization for Standardization，ISO）的 ISO13400 系列标准定义了 DoIP 车载以太网诊断技术的应用场景和实施细节，ISO14229 系列标准定义了诊断通信的服务需求规范。

第二代车载以太网的应用场景主要是信息娱乐系统和摄像系统（如环绕视图应用）。未来的车辆将包含更多与传感器数据融合的摄像头，例如短程/远程雷达，其对更高带宽和更低延迟的需求是显而易见的。多个高分辨率摄像机用于物体检测需要非压缩数据传输，出于安全性考虑，其对于高速通信有着很高的需求。

图 2-31 展示了基于应用域控制器的网络架构。与前几代车载以太网侧重于某个应用域不同，第三代车载以太网将作为车载网络的骨干网。这种网络体系结构提出了 ECU 与网络管理系统之间通信组织的新模式。它随着软件内容的增加而引入分层的通信方式，各应用域的控制器通过骨干以太网和交换机连接。这种架构带来了一种可扩展的解决方案，因为交换机的每个端口都可以实现为 10Mbit/s、100Mbit/s 或 1Gbit/s，而无须在更高的协议层中进行任何更改。第三代车载以太网提出在骨干网的交换机和路由器中使用基于 IP 的路由。基于 IP 的路由的优点是不依赖于底层网络的实现，因此可以为整个车载网络提供统一的寻址概念。此外，基于 IP 的路由使汽车能够直接连接到因特网，这使得终端用户能够获得与办公室和家庭环境中相同的服务访问体验。这种新体系结构的另一个特点是使用单一的骨干网络技术，即以太网，它必须适应不同的数据通信类，如诊断、视频流和高可靠的控制数据流。虽然 AVB 以太网和时间触发以太网（Time Triggered Ethernet，TTEthernet）已经可以提供不同级别的服务质量 QoS 和实时性能，但需要进一步的工作来验证并确保不同数据类在同一通信结构上的共存。此外，还需要对数据进行加密，以

确保与基础设施的通信安全。

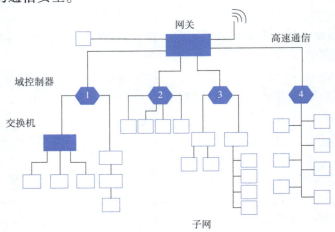

图 2-31　基于应用域的架构

车载以太网应用场景较多，可以应用在自动驾驶的自适应巡航控制（Adaptive Cruise Control，ACC）、车道保持辅助（Lane Keeping Assist，LKA）、自主泊车系统（Automatic Parking System，APS）等各种场景。ACC 场景下，摄像头实时采集数据并上报给 ADAS 域控制器；此外，毫米波雷达定时扫描，周期性地上报数据到 ADAS 域控制器，假设毫米波雷达上传的数据优先级高于摄像头数据。可见，ACC 场景的数据流量大，且需要按照不同的优先级保障传输。LKA 场景下，摄像头实时采集数据，并上报给 ADAS 域控制器。域控制器接收摄像头数据，进行实时处理，并向执行器发出控制指令。此时，数据流量较大，数据处理比较耗时，控制指令要求实时性传输。从而，对传输网络提出了高带宽、低时延的要求。APS 场景下，车辆安装环视摄像头、超声波雷达、惯导系统、全球定位系统（Global Positioning System，GPS）等，所有传感器进行数据采集并上报给 ADAS 域控制器。域控制器接收传感器数据，进行时间和空间同步，规划自主泊车路线，并向执行器发出控制指令。环视摄像头数据传输量大，域控制器数据图片需要进行硬件加速，对传输网络的传输带宽和实时性有很高要求。确定性以太网能够提供高带宽、高实时性、高可靠的传输网络，助力以上场景的精准实现。

第 3 章
车联网络技术

3.1 车联网络体系架构

3.1.1 车联网架构

车联网是以车内网、车际网和车载移动互联网为基础,融合了传感器、RFID、数据挖掘、自动控制等相关技术,按照约定的通信协议和标准,在车与 X(X 指车、路、行人、互联网)交互过程中,实现车辆与公众网络的动态移动通信,是物联网技术在交通系统领域的典型应用。

V2N 是目前应用最广泛的车联网形式,其主要功能是使车辆通过移动网络,连接到云服务器,使用云服务器提供的导航、娱乐、防盗等应用功能。

V2V 可以让车辆之间发送重要的安全信息,比如行驶方向、位置以及速度等,尽可能地避免意外事故的发生,同时,在一定程度上解决交通拥堵的问题。也就是说两车之间可以互相交流,使驾驶人能够更好地掌握车辆状态和周围情况。

V2I 是车辆可以与道路以及路侧基础设施通信,获取道路相关信息。V2I 中的 I 是指汽车行驶中遇到的一切路侧基础设施。

V2P 用作给道路上行人或非机动车安全警告。无论是手机,还是其他移动终端,都能够成为 V2P 的 P 模块,实现和汽车的通信。

按照网络架构划分,车联网的体系结构可以划分为三层:感知层、网络层和应用层,具体的划分如图 3-1 所示。

3.1.1.1 感知层

感知层实现车辆自身及道路交通信息的全面感知和采集,基于传感器(温度、速度及车辆工况)、读写器、摄像头、RFID 标签、车辆定位等技术,实时感知获取车况及控制系统、车辆实时位置、道路环境、车辆与车辆、车辆与基础设施、车辆与人等信息,提供全面而基础的终端信息,将有源 CPS 结点网数据进行数据网处理。

感知层数据传输通过 RFID 技术实现,在自组织网络范围内(有源 CPS 结点之间)传输是保证车联网能把各自独立的车连在一起的前提。

3.1.1.2 网络层

网络层实现 Internet 接入,完成数据分析处理和远程宽阔范围的传输,制定专用的网络架构和协议模型,协同异构网络间相互通信,整合感知层的数据。向应用控层屏蔽通信网络的类型,为应用程序提供透明的信息传输服务。利用对虚拟化、云计算等技术的综合应用,让网络资源为上层应用提供强大而充分的应用支持。

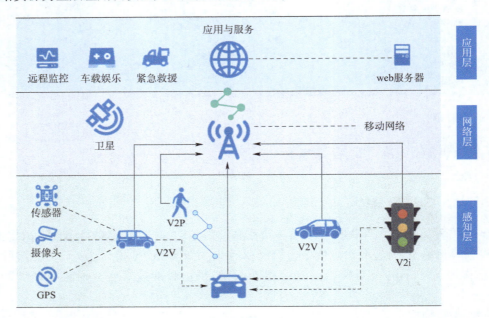

图3-1 车联网体系架构

网络层使用的主要设备是互联网的 CPS 结点,其功能相当于传统网络里的路由器,但由于协议的转换,使之对车联网内的结点传输信息兼有强大的远程监控和管理功能。

3.1.1.3 应用层

应用层基于符合现行相关网络体系标准和协议的基础,兼容未来可预见的网络拓展功能。车联网除了实现智能交通管理、车辆安全控制和交通事件风险预警外,还为车联网用户提供信息订阅、查询及事件告知等各类服务。

应用层的设备是提供网络服务的服务器和用户的车载计算机。应用程序进行数据处理对各项具体服务进行定义和实施。由人机交互界面定义与用户交互的方式和内容,采用中间件技术是实现车联网各类服务较好的选择。

3.1.2 车联网关键技术

3.1.2.1 车内网

车内网主要是指车内的通信网络,例如 CAN 总线控制的区域网络,涉及车联网体系中的单车关键技术主要有传感器感知技术、定位技术以及语音识别技术等。

(1)传感器感知技术。传感器感知技术主要分为两个部分:一是车辆自身状态感知,主要通过里程计数器、车辆电机来实现对车辆行驶速度、方向、车轮转向等状态信息的采集;二是车辆对环境的感知,利用雷达技术、摄像机等电子设备完成对车辆周围交通信息状况的采集,相当于车辆的"眼睛"和"耳朵"。传感器感知技术为车辆智能决策提供数据支持,使得车辆对环境的适应能力进一步增强。

(2)定位技术。只有准确地知道车辆的具体位置,才能进一步实现车辆的远程监控和辅助驾驶等功能。现有智能汽车主要采用全球定位系统(Global Positioning System，GPS)或北斗导航系统进行定位或导航。车联网还可采用其他定位技术，例如微波雷达定位技术。在天气恶劣的情况下，微波雷达定位技术的性能仍能保持在比较稳定的状态，它可通过无线电波直接测量车与车之间的距离，准确获知车辆速度、方位等信息。未来，在智能网联汽车的发展过程中，多传感器协同工作提高车辆定位精度的方式将成为趋势，因为单个传感器进行数据采集，必然会在空间或时间上出现信息采集的空缺，数据的可靠性无法得到保证，多传感器协同工作互补彼此在性能上的不足，进一步提升定位精准度。

(3)语音识别技术。驾驶人在行车途中要注意力高度集中，但路途中难免有点击屏幕、接听电话等需要将手离开转向盘的操作，这种不安全的驾驶行为危险系数极高。如果车载装置也拥有和智能手机相同的"语音助手"，驾驶人只需要发出语音指令，车载系统便能利用"语音助手"识别并执行指令，这将在便利驾驶人通信的同时，大大降低交通事故的发生概率。语音识别技术就是通过车载智能设备对驾驶人发出的语音指令进行识别，进而翻译为相应的机器指令，最终完成语音拨号、语音在线导航以及语言转换等功能，彻底解放驾驶人双手，保障行车安全。

3.1.2.2 车际网

车际网相对于车内网而言，即为车辆的外部网络，主要包括 V2V、V2I 以及车辆自组织网络。核心技术包括无线通信技术、移动边缘计算技术、软件定义网络技术、网络切片技术和区块链技术。

(1)无线通信技术。DSRC 技术是针对 ITS 领域中，车辆和道路基础设施间的信息交换而开发的一种适用于短距离的快速移动的目标识别技术。它可以提供高速的无线通信服务，并且能保持传输延时短和系统的可靠性。其在延迟、移动性、通信距离方面有着无可替代的优势，特别适用于车辆安全应用。目前，全球范围内的大多车路协同项目的研究，均采用 DSRC 技术建立车辆网络。

蜂窝车联网(Cellular Vehicle to Everything, C-V2X)技术是指基于蜂窝网络的 V2X 技术，包括 LTE-V2X 以及正在发展的 5G-V2X 技术。LTE-V2X 是指基于 LTE 移动通信技术演变形成的 V2X 车联网无线通信技术，包括蜂窝通信和直接通信两种工作模式。蜂窝通信借助已有的 LTE 蜂窝网络，支持网络覆盖范围广、带宽需求大的通信连接；直接通信则不经过基站，两个用户节点直接进行通信，即端到端(device to device, D2D)通信模式。

(2)移动边缘计算技术。针对车联网发展过程中数据传输量大，传输时延高的问题，在 5G-WANET 的框架中提出 MEC-cell 框架，其关键技术就是移动边缘计算(Mobile Edge Computing, MEC)。MEC 服务器部署在接近终端的本地区域内，解决云端空间不足、计算能力受限的问题。引入 MEC 技术，可实时感知网络下文信息，根据用户发起服务请求的应用类型选择数据卸载方式。对于时延要求高的业务，路由管理器优先分配其在本地或本区域内 MEC 服务器上进行卸载处理；对于时延要求宽松的应用，可汇聚至云端进行计算。

(3)软件定义网络技术。SDN 将传统网络的数据平面和控制平面分离，在数据发送到网络设备之前，SDN 控制器创建任务规则，同时指示网络行为逻辑，通过集中控制器中的软件平台实现对底层应用的可编程化。SDN 应用在车载随意移动网络（Vehicular ad-hoc network，VANET）环境中，实现从主网络中导出网络基础结构的功能，使得 VANET 网络获得高适应性、高灵活性以及可编程性。

（4）网络切片技术。网络切片技术就是根据用户对时延、带宽、消息可靠性等功能的不同需求，将物理网络切分为多个端到端的虚拟网络，每个虚拟切片以性能指标的差异来适应不同的场景。这种虚拟网络划分方式不仅避免了为每一个服务建设一个专用物理网络的问题，而且为不同的应用场景提供相对隔离的网络环境。切片之间互不干扰，每个用户根据自身需求定制网络切片。

在未来 5G 网络场景下，网络切片技术主要应用在三类服务场景中：一是需要高宽带容量的移动宽带场景；二是在测量、农业、物流以及医疗中部署海量传感器的物联网场景；三是有着低时延、高可靠的自动驾驶场景中。车联网中 V2X 服务和应用程序多种多样，同一辆车中，驾驶人可能需要低时延、高可靠的网络切片与外界进行通信，而乘客可能需要高带宽、大容量的网络切片来观看视频，因此车联网中网络切片的设计将比其他垂直产业更复杂。

（5）区块链技术。车辆安全包括行驶安全和信息安全，在复杂多变的无线通信环境中，车辆的行驶信息很容易被黑客攻击截获甚至用来控制车辆的行驶，造成不可预测的后果。因此，需要对车辆的行驶轨迹等隐私信息进行保护，区块链技术的去中心化和不可伪造性，为车联网环境中的安全通信提供了一个可行的解决方案。区块链技术又名账本技术，以车联网环境中的终端设备和车辆管理中心为节点组成区块链网络。"账本"为记录整个车联网信息交互的数据库，"去中心化"体现在每辆车都可以参与数据库的记录，并且当车辆进行 V2X 通信访问操作改变了账本的状态时，新的记录会被添加在账本中。"区块"负责记录一段时间内账本的动态变化情况，"链"则是各个区块以状态改变的时间顺序串联起来形成整个车联网体系中的状态变化线。实际应用通常将区块链技术结合某些匿名认证方案，进行车辆注册、消息签名、消息验证三个步骤，验证通过为安全的车辆方可与其他车辆进行通信。区块链技术赋能车联网技术，共同构建安全的智能交通体系。

3.2　短程通信技术概述

3.2.1　DSRC 技术的发展进程

美国联邦通信委员会（Federal Communications Commission，FCC）于 1999 年制定 DSRC 标准，分配了 5.850～5.925GHz 的 75MHz 频谱用于智能交通服务。2002 年，美国材料与试验协会（American Society for Testing and Materials，ASTM）修订了 DSRC 标准和协议，并应用在车车和车路通信当中。随后 ASTM 将 DSRC 标准移往 IEEE 工作组。IEEE 于 2008 年 3 月提出 IEEE 802.11p 标准作为 DSRC 的物理层，并成立了 1609 工作组，制定 IEEE1609 协议族用于智能交通服务。

欧洲最早于 1994 年提出 5.8GHz 的 DSRC 标准,最高下载/上传速度可达 1M/750Kbit/s,但由于用在不停车收费(Electronic Toll Collection,ETC)中,通信距离仅为 3～15m。2008 年 8 月,欧洲电信标准协会(European Telecommunication Standard Institute,ETSI)分配 5.8GHz 的 30MHz 频谱用于智能交通系统中,重新制定相关标准和协议,从而使通信距离扩大到 100～1000m,速率扩大到 3～27Mbit/s。

日本于 1997 年制定了 DSRC 标准,目前主要有 5.8GHz 的 ETC 系统标准以及 700MHz 的车联网专用标准。使用 700MHz 作为车联网 DSRC 通信频段的主要目的是能够延长通信距离。

参照国际主流标准,我国于 1998 年提出了主动式的 DSRC 标准,拥有了独立自主知识产权的专用短程通信技术。但该标准目前用于封闭式收费或联网收费,并未全面服务于车联网其他应用。

IEEE 与 ETSI 统一了 DSRC 标准,二者只在控制信道(Control Channel,CCH)分配、接收功率等方面不同。参照开放式系统互联参考模型(Open System Interconnect Reference Model,OSI)7 层协议规范,DSRC 具体的协议组成如图 3-2 所示。

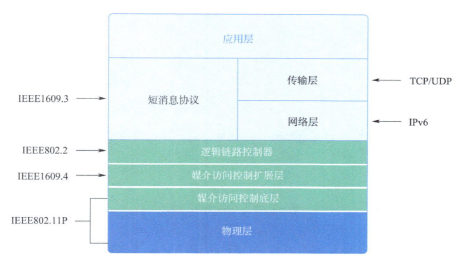

图 3-2 专用短程通信协议结构

其中,物理层和媒介访问层遵循 IEEE 802.11p 规范,它是在 IEEE 802.11a 标准的基础上进行了修改,例如减小频宽、增加 QoS、多信道支持以及脱离基本服务集(Outside of the Context of BSS,OCB)工作等。

IEEE 1609.3 定义了网络层服务规范,其中包括了两条并列的网络层通道:WAVE 短消息协议(WAVE Short Message Protocol,WSMP)以及用户数据报协议(User Datagram Protocol,UDP)/网际协议第六版(Internet Protocol Version6,IPv6)。用户可以在服务信道(Service Channel,SCH)上通过 UDP/IP 这样的标准通信方式传输数据,也可以在全部信道上使用 WSMP 实现短消息数据的实时通信。使用 IPv6 的目的是突破 IPv4 地址数量的限制,服务更多的车辆。

IEEE 1609.4 定义了多信道工作,主要内容包括:信道协调、信道路由以及用户优先级等。IEEE 1609.4 将信道划分为 CCH 和 SCH,其中规定 178 信道为 CCH,其余为 SCH。CCH 上传输 WAVE 服务通告(WAVE Service Announcement,WSA)或 WSMP 等优先级较高的内容。SCH 上既可传输 CCH 上的信息,也可以传输上层的应用信息,包括基于 UDP/IPv6 的报文。信道路由方面,由于车载通信维持时间有限,需要考虑发送消息的优先级,因此,媒介访问中还引入了增强型分布式信道访问(Enhanced Distributed Channel Access,EDCA)参数可由用户调整的机制。

IEEE/ETSI 标准规定的 DSRC 由 V2I 和 V2V 两部分组成,后者又称车载自组网(Vehicular Ad-hoc Network,VANET)。V2I 通信当中,基础通信设施(即 Infrastructure)通常固定在路边,称为路侧设备(Road Side Unit,RSU);车上通信设施称为车载设备(On Board Unit,OBU)。DSRC 示意图如图 3-3 所示。

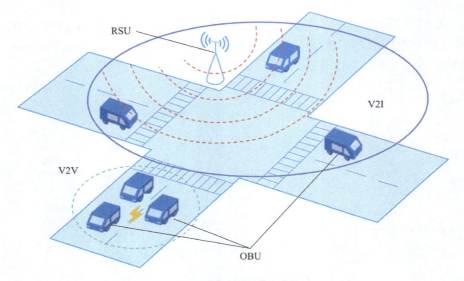

图 3-3　专用短程通信示意图

目前,国际上使用的 OBU 种类很多,各种 OBU 主要差异集中在通信方式和通信频段的不同,主要应用在电子自动收费系统。OBU 从最初的单片式电子标签,发展到了目前的双片式 IC 卡加 CPU 单元,IC 卡存储账号、余额、交易记录和出入口编号等信息,CPU 单元存储车主、车型等有关的车辆物理参数并为 OBU 和 RSU 之间的高速数据交换提供保障。

RSU 功能是与 OBU 完成实时高速通信,实施车辆自动识别、特定目标拴检测及图像抓拍等,它通常由设备控制器、天线、抓拍系统、计算机系统及其他辅助设备等组成。

3.2.2　DSRC 系统通信流程

以定点通信、被动式传输为例,DSRC 系统通信施程大体可以分为建立连接、信息交换、释放连接三个阶段。

(1)第一阶段:建立连接。RSU 利用下行链路向 OBU 循环广播发送帧控制信息,确定结构、同步信息和数据链路控制等信息,有效通信区域内的 OBU 被激活后即请求建立连接。

RSU 进行有效性确认并发送响应信息给对应的 OBU,否则不响应。OBU 收到响应,立即确认并初始化连接 RSU。RSU 确认该 OBU 相关参数后即可成功连接。

(2)第二阶段:信息交换。连接建立后,RSU 分析应用列表调用可用服务的原语进行读/写操作,实现信息交换。在此阶段中,所有帧必须带有 OBU 的私有链路标识,并实施差错控制。可以设置定时器来传计数器,确定重传农次数上限。

(3)第三阶段:连接释放。RSU 与 OBU 完成所有应用后,删除和链路标识。发出专用通信链路释放指令,由连接释放计时器根据应用服务释放本次连接。

3.2.3 DSRC 技术的应用与发展

DSRC 以大容量、高速率、低时延的特点搭建了 ITS 系统中的通信平台,是交通管理系统的关键技术,具有广泛的应用前景和发展意义。DSRC 技术应用于 ITS 系统主要提供如下服务。

(1)信息提供服务:DSRC 技术提供及时、具体的交通信息,满足多种服务需求,如车辆导航、安全驾驶、车辆调度、紧急车辆处理等。

(2)数据交换服务:DSRC 技术不仅可以完成车辆身份信息、电子收费等数据传输,还可以与联网的车道工控机、收费站计算机、结算中心以及管理计算机高效率互通信息。

(3)实时检测服务:道路上时刻运行着各类特殊车辆,如违章、盗窃、军警和公安等,所有这些都需要实时检测、严密监控、妥当处理,最大程度地保障人民生命财产安全。

(4)数据加密服务:基于 DSRC 技术对需要保密的信息如收费、安全等进行高强度的加密处理,确保信息安全、畅通传输。DSRC 技术可以运用到 ITS 系统中的诸多子项目中,如交通管理、旅行者信息提供、公共运输管理、商用车辆运营、车辆控制与安全、电子收费等。

DSRC 可以在车辆不是很多的情况下,完成交通管理通信服务。然而,该技术在车辆密度比较大的场景中,不能保证安全信息可靠及时地传输,有时也会引起广播风暴、无法保证 QoS 等问题。

3.3 基于蜂窝网络的车用无线网络技术

C-V2X 技术在 DSRC 技术之后推出,也是在车辆之间进行直接无线通信,实现了车与人、路和云之间的无线通信。C-V2X 简单来说就是让车辆有通信能力,通过车对车、车对人、车对基础设施、车对网络之间的通信,来保证驾驶更安全舒适,驱使自动驾驶的实现。

C-V2X 作为融合蜂窝网通信和终端直通通信的新一代车联网技术,在 3GPP 标准化发展过程中包括了两个阶段:基于长期演进(Long Term Evolution,LTE)技术的蜂窝车联网(LTE-V2X)和基于 5G 新空口(New Radio,NR)技术的蜂窝车联网(NR-V2X)。图 3-4 给出了 C-V2X 标准的演进过程。其中,LTE-V2X 主要面向基本道路安全类业务和交通效率类业务,引入了基于 PC5 接口的终端直通链路(Sidelink)通信方式,以支持低时延高可靠的直通通信,相关协议的制定已于 2018 年完成。NR-V2X 主要面向传感器共享、车辆编队、增强自动驾驶等 V2X 增强应用,基于 5G NR 空口设计,引入了直通链路单播、组播通信模式以及基于混合自动重传（Hybrid Automatic Repeat reQuest, HARQ）的反馈机制，并于 2020 年 6 月完成了首个版本 Release16（Rel-16）的协议制定。

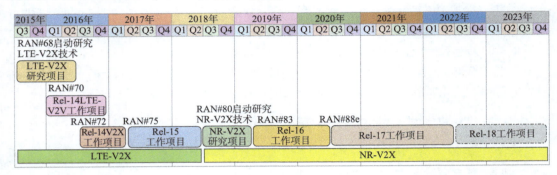

图 3-4 3GPP C-V2X 标准演进

3.3.1 LTE-V2X 车联网技术

3.3.1.1 LTE-V2X 系统结构

LTE-V2X 是基于第四代移动通信技术的扩展技术，是专为车辆与车辆之间通信协议设计的 V2X 标准，由 3GPP 主导制定，其系统逻辑结构如图 3-5 所示。其中，上半部分为传统 LTE 通信架构，其中演进型基站（Evolved Node B, eNB）与移动性管理实体（Mobility Management Entity, MME）和业务网关（Serving Gate Way, S-GW）之间通过 S1 接口相连，eNB 之间通过有线传输 X2 接口相连，RSU 与 V2X 应用服务器之间通过有线传输 V1 接口相连。

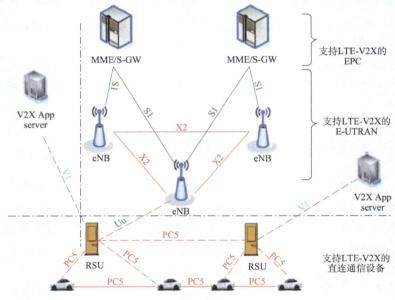

图 3-5 LTE-V2X 系统结构

LTE-V2X 中路旁单元（Road Side Unit, RSU）可通过直通链路空口（PC5 接口）与 LTE-V2X 车载终端和其他 RSU 通信，LTE-V2X 中 RSU 也可通过空中接口（Uu 接口）与支持 LTE-V2X 的演进型基站 eNB 相连，并通过 eNB、核心网实现与系统中其他 RSU 的通信。

LTE-V2X 的标准协议架构由物理层、数据链路层和应用层三部分组成。其中,物理层主要负责帧传输控制和信道的激活、失效服务;数据链路层主要负责信息的可靠传输,提供差错和流量控制;应用层主要实现通信初始化和释放程序、广播服务等相关任务。

3.3.1.2　LTE-V2X 工作方式

LTE-V2X 有两种工作方式。一种是支持直连通信的设备(包含 RSU、车载终端)之间直接通信的方式,其中,空中接口称为 PC5 接口,采用车联网专用频段(如 5.9GHz),实现车车、车路、车人之间直接通信,时延较低,支持的移动速度较高,但需要有良好的资源配置及拥塞控制算法;另一种是 RSU 或车载终端与 LTE 基站之间的上/下行链路通信方式,其中对应的空中接口称为 Uu 接口,其采用蜂窝网频段(如 1.8GHz),下行采用广播方式。

PC5 的工作方式是基本工作方式,具有低时延、通信容量大和无须网络设备(基站或路边单元)即可工作的优点,是 V2X 安全类业务的主要工作方式。根据 PC5 接口的资源分配方式,3GPP 将 V2V 分为以下两种工作方式。

(1)模式 3:V2V 通信使用的资源是由网络分配的;

(2)模式 4:V2V 通信使用的资源是车辆在资源池中自选的。

图 3-6 给出了两种直通链路传输模式以及资源选择示意图,图中左圈内为 eNB 所覆盖范围,右侧为资源池示意图。如图 3-6 所示,两种模式的主要区别在于选择发送 V2X 消息资源的方式不同。模式 3 中用户设备使用(User Equipment,UE)的资源由 eNB 控制分配。eNB 通过控制信道下发控制信息,如通过物理下行控制信道(Physical Downlink Control Channel,PDCCH)下发物理下行控制信息(Downlink Control Information,DCI),所以,仅适用于网络覆盖范围内的用户设备。模式 4 中 UE 根据自身预配置的信息,基于自主感知选择侧链路传输资源,通过物理直通链路控制信道(Physical Sidelink Control Channel,PSCCH)传输直通链路控制信息(Sidelink Control Information,SCI)进行资源分配,用户设备的预配置信息可以内置在终端中、手机卡上或者之前注册过的网络预配置信息里,该传输模式网络覆盖范围内外的用户设备都适用。

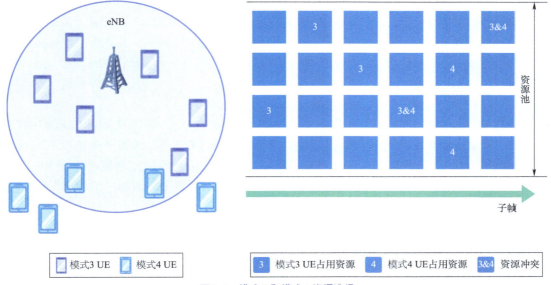

图 3-6　模式 3 和模式 4 资源选择

两者优缺点对比见表 3-1。考虑到模式 3 对网络的依赖,目前研究与开发者更倾向选择模式 4 作为产品的默认配置。

模式 3 和模式 4 优缺点对比   表 3-1

工作方式	优点	缺点
模式 3	网络调度,资源不会碰撞	可能存在较大时延; 依赖网络部署; 根据运营商部署情况,可能会使用运营商的授权频谱
模式 4	通常时延较低; 不依赖网络部署; 无须使用运营商的授权频谱	存在资源碰撞概率,需要使用一定的检测机制

3.3.1.3 帧结构

LTE 网络中定义的最小时间单位为 $T_s = 1/(15000 \times 2048)$ s,在 Downlink、Uplink 和 Sidelink 传输中定义的系统帧(Radio frames)大小均为 Tf = 30720 × T_s = 10ms。在时域,每一个系统帧可以分为 10 个子帧(Subframe),而每个子帧由 2 个时隙(Slot)组成,如图 3-7 所示。

图 3-7 LTE-V2X 系统的帧结构

长度为 1ms 的子帧包含两个长度为 0.5ms 的时隙。LTE 系统中的子帧索引为 0-9,而相应的时隙索引为 0-19,每个 Sidelink 的子帧包含了连续的时隙,以偶数编号的时隙为起始时隙。每个时隙包含若干个正交频分复用(Orthogonal Frequency Division Multiplexing,OFDM)符号,这些 OFDM 符号一般有 6 个或 7 个,取决于使用普通循环前缀或是使用扩展循环前缀。

3.3.1.4 带宽分配

IMT-Advanced 对 LTE 标准的频谱灵活性提出了指导要求,表现在频域的可伸缩性。LTE 的频率范围和具有的资源块数目(包含 12 个子载波)相关联,这些资源块以 15kHz 等分,所以资源块的总带宽是 180kHz。传输带宽可以在单一频率的载波上配置 6 到 100 个资源块,这样 LTE 标准的多径传输特性就提供了 1.4~20MHz 每 180kHz 递增的信道带宽,并同时保证了所要求的频谱灵活性。

与 LTE 系统一样,在频域上,LTE-V2X 系统也支持 1.4~20MHz 的频率范围,采用了六种带宽配置,从而满足不同应用场景下的带宽传输需求。LTE 相关参数见表 3-2,包括了 1.4MHz、3MHz、5MHz、10MHz、15MHz 以及 20MHz 共六种传输带宽配置,分别对应不同的采样频率。

3GPP LTE 相关参数规范表　　　　　　　　　　　　　表 3-2

模式		1	2	3	4	5	6
信道带宽(MHz)		1.4	3	5	10	15	20
采样频率(MHz)		1.92	3.84	7.68	15.36	20.04	30.72
每个子帧采样点数		1920	3840	7680	15360	15360	30720
资源块数目		6	15	25	50	75	100
FFT 点数(N)		128	256	512	1024	1536	2048
子载波个数		72	180	300	600	900	1200
每个时隙 OFDM 符号数（常规/扩展）		7/6					
CP 长度	常规 CP l=0 l=1,2,…,6 扩展 CP	10 9 32	20 18 64	40 36 128	80 72 256	120 108 312	160 144 512

3.3.1.5　RSU 分类

LTE-V2X 的 RSU 根据其与车载终端支持的通信方式不同，可分为如下类型。

(1)类型Ⅰ：通过 PC5 接口通信模式 4，不支持基站进行配置；

(2)类型Ⅱ：通过 PC5 接口通信模式 4，支持基站进行配置；

(3)类型Ⅲ：通过 PC5 接口通信模式 4 和模式 3，支持基站进行配置。

对于 RSU 的回传链路，如 RSU 与应用服务器、操作维护平台等的连接方式不做限定。此连接采用有线的通信方式，也可以采用任何满足 LTE 数字移动通信系列行标版本的 Uu 无线回传方式，对类型Ⅰ，不支持发送模式 3、基站对模式 4 的配置。图 3-8 给出了三种类型的 RSU 具体示意图。

图 3-8　使用 PC5 接口的 RSU

LTE-V2X 中 RSU 的系统带宽为 20MHz，同时 RSU 采用半双工（Half-Duplex，HD）的双工方式。RSU 的单载波频分多址接入（Single Carrier Frequency Division Multiplex Access，SC-FDMA）参数配置为：子载波间隔 15kHz，循环前缀长度 4.687μs。RSU 设备应能在下列环境条件下长期稳定可靠地工作：环境温度为 -35℃ ~ +55℃，相对湿度为 5% ~ 98%。同时，RSU 满足 IP65 的防尘防水等级。RSU 的工作电源可支持标称 220V 单相 AC 电源，其输入电压范围为 176V ~ 264V AC，频率变化范围为 45Hz ~ 65Hz。RSU 的工作电源也可支持有源以太网（Power Over Ethernet，PoE）供电。设备接地应采用联合接地方式，在接地电阻小于 5Ω 时应能正常工作。

3.3.2 5G 车联网技术

与我们熟悉的 3G 以及 4G 技术相比，第五代移动通信技术 5G 融合了毫米波雷达、大规模天线、软件定义网络等先进技术，拥有超高网络密度、超高移动性、超快网络速率等特征。因此，5G 带给我们的不仅仅是一个更快的互联网时代，而是一个互联网 + 物联网的万物互联时代。作为 5G uRLLC 应用场景的主体业务之一，基于 5G 架构的车联网在时延、频谱利用、通信质量方面与基于 IEEE 802.11p 的组网方式相比有着更好的性能。

5G 车联网又可以分为三个部分：车内网、车际网以及车载移动互联网，如图 3-9 所示。在车内网中，车辆通过内置的 OBU 与移动终端进行通信，实现了车辆与驾驶人之间的相互通信；在车际网中，一定范围内的车辆通过 D2D 的通信技术进行相互之间的消息传输，实现了车与车之间的信息共享；在车载移动互联网中，5G 基站连通道路系统和互联网，充当中继的功能，为车辆与互联网之间的互联互通提供服务。与传统车联网相比，5G 车联网融合了认知无线电（Cognitive Radio，CR）、大规模天线阵列、全双工通信、超密集组网等技术，具有更低的时延、更高的可靠性以及高效的频谱和能源利用。

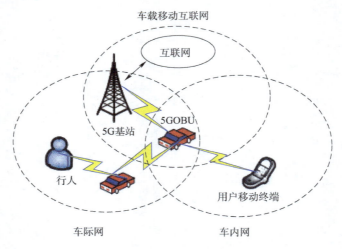

图 3-9　5G 车联网络划分

3.3.2.1　5G 车联网特点

（1）低时延、高可靠。车联网中包含了"车、路、人、云"四大元素，车辆作为网络中的主体元素，其中每个车载终端都是网络中独立的节点，它不仅可以是信源或者信宿，同时也可以是中继节点,在多跳场景中辅助数据包的传送。考虑到车辆节点的动态移动性,传统基于 IEEE 802.11p 的车联网组网在端到端时延、可靠性方面存在短板,远不能满足车联网安全应用在传输率、实时性、安全性方面的严格要求,5G 技术给车联网的发展带来了无限可能。

5G 技术从两个方面降低端到端时延,一方面大幅度降低空口传输时延,另一方面基于 SDN、网络功能虚拟化(Network Functions Virtualization,NFV)等技术对路由进行规划,减少转发节点。此外,5G 超高密度组网以及低能耗设备降低了信令开销,同时解决了 5G 车联网中带宽问题和时延问题。5G 技术场景中时延已经精确到了毫秒级,基于 5G NR V2X 的网络结构支持高速汽车场景以及低时延直接通信,遵循 3GPP 定义的最小性能要求。因此,5G 技术突破了车联网在时延性、可靠性方面长期以来的一个限制,使得未来 5G 车联网的发展可以更快更远。

(2)频谱高效利用。高效地利用有限的频谱资源是当今所有通信技术可以得到发展的一个前提条件,5G 车联网若要得到更好的发展,首先就要考虑频谱的分配以及使用问题。5G 场景中高密度组网,通过 D2D 通信,全双工(Full Duplex,FD)通信以及认知无线电技术有效地缓解了车联网中频谱使用问题,提高了频谱使用率。

①D2D 通信。5G 车联网基于蜂窝网络架构,同时支持 PC 接口以及 Uu 接口,通过 PC 接口可以实现车辆节点到车辆节点的 D2D 通信,通过 Uu 接口可以使用蜂窝网络频段进行通信。D2D 通信是对蜂窝通信的一种补充,不仅可以缓解基站压力、提升网络吞吐量,还可以提高频谱利用率。因此,5G 车联网通过 D2D 通信技术,更好地利用了频谱资源。

②全双工通信。5G 车联网中使用全双工通信技术,两个不同的车载终端或者车载终端与基站之间在相同的频谱上,可以同时发送或者接收信号,突破了频分双工以及时分双工技术在频谱使用方面的限制,极大提升了频谱使用效率。

③认知无线电。5G 车联网场景中,车载终端通过认知无线电技术可以对当前通信环境进行感知,快速发现主用户空闲的频谱并接入使用,或者以协作的方式与主用户共享其频谱资源,有效缓解了车辆中频谱短缺的问题。

(3)更加优越的通信质量。5G 技术具有超高频率,根据公式 $c = \lambda v$,以及 $\lambda = v/f$ 可知,通信频率越高,则波速越大,波长越短。其中 c 为光速,$c = 3 \times 10^8$,λ 为波长,v 为速率。5G 通信可以使用毫米波,其频率范围为 24.25GHz~52.6GHz,可以实现更高带宽、更小延迟以及更高速率。5G 最大带宽可以达到 400MHz,远高于 4G 蜂窝系统 100MH 的最大带宽。5G 最高速率可以高达 10Gbit/s,远高于 4G 蜂窝系统 1Gbit/s 的最高速率。因此,基于 5G 的蜂窝网络与之前 3G、4G 相比,通信质量方面有了突破性的提升。在 5G 车联网场景中,主要可以从通信距离、低延时、高速移动性三个方面体现其更加优越的服务质量。

①通信距离。5G 车联网中,可以通过 PC 接口实现车辆节点间 D2D 通信,其一跳通信范围最高可达 1000m,高于基于 IEEE 802.11p 的 DSRC 通信技术。5G 车联网中,车辆节点具有更大的通信范围,可以减少路由中数据转发跳数。因此,有效提高了数据传输的实时性,降低了城市环境中障碍物的影响,提高了通信的可靠性。

②低延时。假设车辆节点在城市交通环境下的速度为 50km/h,在这个速度下车辆

节点 50ms 紧急制动的制动距离为 0.7m，10ms 紧急制动的制动距离为 0.14m，1ms 的紧急制动的制动距离为 0.014m。在 4G 蜂窝网络下，车辆节点可以达到的最低延时为 50ms，即 0.7m 的最短制动距离。5G 蜂窝网络下，车辆节点可以达到 1ms 的最低延时，即 0.014m 的最短制动距离。5G 车联网超低延时实现了更小、更安全的紧急制动距离，这也是生与死的距离，5G 的超低延时性能提高了车联网的安全性，使得无人驾驶技术的普及成为可能。

③高速移动性。在节点高速移动下，DSRC 无线信号可靠性会降低，时延抖动也会增大。节点高速移动是车联网的一个特征，同时也给车联网的稳定带来了一定的挑战。5G 移动通信系统通过移动性管理可以很好地支持车联网高速移动的场景，最大可以支持节点 500km/h 的移动速度。

3.3.2.2　5G 车联网关键技术

（1）RSU 部署。3GPP 标准中定义了 RSU 支持 V2X 通信，可实现交通和路况信息的收集和播发。根据目前工信部发布的频谱规定，RSU 占用 5.9G 的 20M 带宽，最大发射功率为 29dBm，覆盖范围依据环境不同在 100～1000m 范围内。而实际中，RSU 可以搭载更多的功能，包括 5G 通信和搭载云平台。RSU 集成 5G 通信，可实现与大网的实时互动，满足上层应用平台对数据的收集、分析和处理。同时，5G 与 C-V2X 联合组网可构建广覆盖与直连通信协同的融合网络，保障智慧交通业务连续性。通过分析，RSU 与 5G 蜂窝结合，密集城区一个基站可支持 4 个 RSU 的数据回传。另外，RSU 可实现对路边感知设备（摄像头、雷达等）信息的格式转换和结构化处理，实现数据的回传、处理和分析，并搭载简单的业务应用。

（2）边缘云。边缘云 MEC 是一种具有高带宽、低延时、本地化等特点的技术，可在各类移动网络边缘提供服务环境和计算能力，通过平台功能下沉靠近移动用户来减少网络操作和服务交付的时延。边缘云可以满足车联网技术超低时延、超高带宽和超高可靠性的要求，车联网业务是边缘云的典型应用场景之一。数据的就近处理和下发在车联网的应用中极为重要，边缘云不仅可以降低时延，也能减少网络回传的压力和所需的数据带宽。

①边缘云部署方式。边缘云 MEC 典型的部署方式有边缘级、区域级和地区级三种。

a. 边缘级：MEC 部署于基站与回传网络之间，这种部署贴近基站（宏站、室分站或 Small Cell 站），可以部署在站点机房，也可随 Cloud-BBU 池部署在无线接入机房。

b. 区域级：MEC 部署于汇聚环和接入环之间，此时需要将 MEC 部署于两环相接的传输设备的 UNI 接口，并将需要进行分流的基站流量疏导经过 MEC。

c. 地区级：当 MEC 部署于汇聚核心层时，这种覆盖方式主要针对大面积分流业务，或者待覆盖范围存在接入环孤岛的情况，这种部署方式时延相比较其他两种方式较大，但是能够解决跨地域传输覆盖的问题。

②多级平台。车联网业务丰富繁杂、数据量庞大，对网络的需求也有所不同。统一的核心网平台在时延、效率等方面已经不能满足车联网的业务需求。因此，需要根据业务需求进行全局—边缘—路侧的多级业务平台部署，并对凭条的功能进行模块化，以便灵活配置。多级平台包括全局云平台、边缘云平台和路测云平台。

a. 全局云平台：实现海量的数据处理，负责全局的交通管控，例如紧急救护、保险服务、车辆远程监控、地图服务等。

b. 边缘云平台：实现业务的实时处理以及局部交通管控，例如红绿灯智能控制、交通拥堵等。

c. 路侧云平台：RSU 平台上实现一些即时的业务处理以及路口的交通管控，例如路侧摄像头等感知数据的处理、滤波通行、十字路口防碰撞等。

在实现业务和管理分层的同时，各级平台的互联互通也是建设智慧交通的关键。下层平台对上级平台及时报告、上级平台对下层平台动态配置，尤其是 RSU 部署在不同的场景（例如十字路口、高速公路），其平台功能也有所不同，通过上级的边缘云平台实现对 RSU 平台功能的实时配置十分必要。而实现此功能的前提是实现平台功能的模块化以及建立平台互动的场景库。

（3）切片技术。5G 端到端网络切片可将网络资源灵活分配，基于 5G 网络虚拟出多个具有不同特点且互相隔离的逻辑子网，每个端到端网络切片均由无线网、传输网、核心网子切片组合而成，并通过端到端切片管理系统进行统一的管理，切片可满足不同业务服务等级协议（Service-Level Agreement，SLA）服务质量要求。核心网网络切片实例包括控制面和用户面网络功能。网络可以经由 5G-AN 同时为一个 UE 提供一个或多个网络切片实例。单一网络切片选择辅助信息（Single Network Slice Selection AssistanceInformation，S-NSSAI）标识网络切片，S-NSSAI 由切片/服务类型（Slice/Service Type，SST）和切片区分标识（Slice Differentiator，SD）组成。标准化的 SST 值为建立切片的全局互操作性提供了一种方法，表 3-3 是标准化的 SST 值。

表 3-3 标准化的 SST 值

切片类型	SST 值	特 性
eMBB	1	切片适用于处理 5G 增强型移动宽带
URLLC	2	切片适用于处理超可靠的低延迟通信
MIoT	3	切片适用于处理大规模物联网
V2X	4	切片适合处理 V2X 服务

在车联网业务中，对于传输数据量大且时延要求不高的应用，切片类型可使用 SST 值为 1 的 eMBB 模板，应用可集中部署。对于超低时延、高可靠小数据包消息的应用，切片类型可使用 SST 值为 4 的 V2X 模板，应用下沉至本地部署，满足高可靠性要求。无线、传输网及核心网切片共同构成车联网端到端切片方案，不同的切片可满足不同车联网业务的性能要求及隔离要求。

无线切片隔离方案主要实现网络切片在 NR RAN 部分的资源隔离和保障。根据业务的时延，可靠性，和隔离要求，可以分为切片级 QoS 保障、空口动态预留、静态预留。基于 QS 的调度，可以确保在资源有限的情况下，不同业务"按需定制"，为业务提供差异化服务质量的网络服务。RB 资源预留，允许多个切片共用同一个小区的 RB 资源。根据各切片的资源需求，为特定切片预留分配一定量 B 资源。RB 预留分为静态预留和动态共享。载波隔离指不同切片使用不同的载波小区，每个切片仅使用本小区的空口资源，切片间严格区分确保各自资源。

RAN 与 CN 之间的移动传输网络根据对切片安全和可靠性不同诉求,分为硬隔离和软隔离,根据业务要求隔离度、时延和可靠性不同需求,传输承载技术包括 FlexE/MTN 接口隔离、MTN 交叉隔离和 VPN + QoS 隔离不同技术。

核心网切片隔离方案主要实现网络切片在 5G CORE 部分的资源和组网隔离与 SLA 保障。其中资源视图主要针对为切片隔离分配的 5G 核心网硬件资源层、虚拟资源层和网元功能层。硬件资源层、虚拟资源池可支持"共享"和"独占"两种隔离模式。其中,独占模式也就是我们常说的"物理隔离";网元功能层同样可以支持不同层级的按需隔离模式,包括完全共享模式、部分独占模式、完全独占模式保证不同切片间的业务独立性。

(4)基础设施信息化。随着 5G 网络、大数据及人工智能技术的发展,数字孪生城市的概念被提出,通过新一代信息技术的广泛应用,实现了智能化设备与网络虚拟空间的相互映射、协同交互,进而通过数据驱动、软件管理、平台运营等手段对物理世界各种元素进行信息收集、资源配置、行为决策等,如图 3-10 所示。

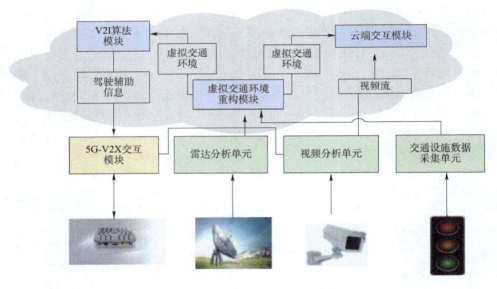

图 3-10 数字孪生化的交通基础设施信息化

数字孪生手段,在"端—管—云"的三层架构体系实现车联网基础设施的信息化,"端"包括雷达、摄像头、OBU/RSU 以及交通设施等,是现实世界的物理实体元素。一方面这些实体元素作为城市的神经节点,通过传感器或 V2X 通信实现周围环境的信息收集,另一方面作为城市功能的执行单元,这些元素是实现人机交互的窗口。因此,AR/VR、语音识别、眼球追踪等新型人机交互技术是智能化设备运营不可或缺的技术支持。"管"包括蜂窝网、V2X 通信以及车内网等通信网络,实现数字孪生城市中实体元素与网络虚拟单元的连接与映射。通信网络作为信息传输的管道,要求具备大带宽、低时延、高可靠、海量连接等特性。因此,5G 通信、eMTC、V2X 通信等新一代通信技术将是数字孪生城市中实现万物互联的必要手段。"云"在虚拟世界实现连接管理、数据管理及业务管理等功能,是虚拟世界的管理与运营单元。人工智能技术为基础的"城市大脑"在云端依据大数据建模与分析,实现判断、推理、证明、设计、思考、规划、学习和问题求解等思维活动,进而做出行为决策。

另外，交通基础设施、感知设施等设备的数据格式不统一，需要进行统一的协议转换和信息的结构化处理，从而完成云端的数字孪生映射。

（5）高精度定位。车辆高精度定位是实现智慧交通、自动驾驶的必要条件。随着C-V2X服务从辅助驾驶到自动驾驶的发展，其性能要求从可靠性、时延、速度、数据速率、通信范围以及定位精度等方面发生变化。与其他服务不同，定位信息是保证车联网业务安全的基本要素之一。根据环境以及定位需求的不同，定位方案是多种多样的。全球导航卫星系统（Global Navigation Satellite System，GNSS）或其差分补偿RTK方案是最基本的定位方法。考虑到GNSS在隧道或密集城市等场景中性能较差，其应用场景仅限于室外环境。GNSS通常要与惯导结合以增加其定位稳定性。基于传感器的定位也是车辆定位的另一种常见定位方法，但高成本、对环境的敏感性以及地图的绘制和更新，限制了传感器定位的快速普及和推广。GNSS或传感器等单一技术无法保证车辆在任意环境下的高精度定位性能，因此会结合其他一些辅助方法例如惯性导航、高清地图、蜂窝网等以提高定位精度和稳定性。其中，蜂窝网络对于提高定位性能至关重要，例如RTK数据和传感器数据的传输、HD地图的下载等。5G为车联网提供高可靠性和低延迟通信外，也为车辆高精度定位技术增加了一种可能，尤其是满足室内定位需求。

3.3.2.3 直通链路（Sidelink）关键技术

2018年，3GPP在Release16中开始开展基于NR的Sidelink传输通信技术标准制定，支持编队行驶，扩展传感器，高级驾驶以及远程驾驶等高级应用场景。为了支持新的应用需求，需要更高可靠性、更低时延、更大密度和更高速率的网络连接，NR V2X Sidelink在传输引入了新的无线空口设计，除了支持广播，还支持单播和组播，并引入新的通信信道Sidelink物理反馈信道（Physical Sidelink Feedback Channel，PSFCH）以实现单播和组播通信。NR Sidelink传输技术还包括新的Uu空口增强、QoS管理以及新资源分配模式等技术。

根据世界各国现有的无线频段划分政策，7GHz以下的频谱带宽资源难以支持由IMT-2020规定的5G峰值数据传输速率。因此，5G NR将频谱带宽划分为两部分：频带范围1（Frequency Range1，FR1）和频带范围2（Frequency Range2，FR2）。标准化文件3GPP TS38.104（Release16）中将FR1定义为410MHz～7.125GHz，FR2定义为24.25GHz～52.6GHz。然而，在不同载波频率上传输的信号会经历不同程度的多径衰落，并造成不同程度的频率选择性衰落。为了解决上述问题，5G NR支持不同数值的子载波间隔（Subcarrier Spacing，SCS），并且将具有较小子载波间隔的OFDM子载波部署到具有较低载波频率的频谱上，将具有较大SCS的OFDM子载波部署到具有较高载波频率的频谱上。另外，多径衰落会引起不同程度的符号间干扰（Inter-Symbol Interference，ISI）。5G NR针对不同数值的子载波间隔，采用不同的循环前缀（Cyclic Prefix，CP）长度以降低符号间干扰的影响。按照不同的CP长度与符号时长（Symbol Duration）的比值，NR支持常规循环前缀（Normal Cyclic Prefix，NCP）和扩展循环前缀（Extended Cyclic Prefix，ECP）两种循环前缀类型。同时，NR引入了参数集（Numerology）的概念以描述不同SCS值和CP类型的组合。标准化文件3GPP TS38.104和TS38.211（Release16）在NR Sidelink传输中，支持以下几种参数集：

①针对 FR1，支持 15kHz，30kHz，60kHz 的 SCS 与 NCP 的组合，而 ECP 仅适用于 60kHz 的 SCS。

②针对 FR2，支持 60kHz，120kHz 的 SCS 与 NCP 的组合，而扩展循环前缀仅适用于 60kHz 的 SCS。

在 NR 的传输波形中，下行传输采用循环前缀正交频分复用（CP-OFDM）技术，上行传输采用循环前缀正交频分复用和离散傅里叶变换扩频正交频分复用（Discrete Fourier Transform-spread-OFDM，DFT-s-OFDM）技术。对于 Sidelink 传输波形，仅支持循环前缀正交频分复用技术。

NRSidelink 包含物理 Sidelink 共享信道（Physical Sidelink Shared Channel，PSSCH）、物理 Sidelink 广播信道（Physical Sidelink Broadcast Channel，PSBCH）、PSFCH、PSCCH、Sidelink 主/辅同步信号（Sidelink Primary/Secondary Synchronization Signal，SPSS/SSSS）以及参考信号（Reference Signal，RS）等几种物理信道和参考信号。

（1）PSSCH。PSSCH 用于传输 Sidelink 用户终端的数据和部分控制信息，具体包含 Sidelink 用户的传输数据、用于配置无线资源控制（Radio Resource Control，RRC）的系统信息块（System Information Blocks，SIBs），以及部分 SCI。另外，信道状态信息（Channel State Information，CSI）也可以在 PSSCH 中传输。PSSCH 采用低密度奇偶校验（Low Density Parity Check，LDPC）编码方式，调制方式支持 QPSK、16 正交振幅调制（Quadrature Amplitude Modulation，QAM）、64QAM 调制方式和 256QAM。PSSCH 的传输资源可以由 gNB 进行调度并通过 DCI 告知 UE，也可以通过 UE 自己的感知过程自主确定。PSSCH 发送的天线端口从 port1000 开始。

（2）PSBCH。PSBCH 以同步信号/PSBCH 块（Synchronization Signal/PSBCH Block，SSB）的方式和 SPSS/SSSS 同时传输。在同一载波上，SSB 采用与 PSCCH/PSSCH 相同的参数集，并且 SSB 需要在配置的带宽部分内的带宽进行传输。SSB 以 160ms 的时间间隔进行周期性传输。另外，160ms 的时间周期内有 N 次 SSB 重复（可配置起始偏移和间隔）。N 值由具体的 SCS 值进行配置。PSBCH 包含与同步相关的信息、Sidelink 传输时间资源的指示信息和覆盖范围指示信息等。调制方式只支持 QPSK。PSBCH 发送的天线端口从 port4000 开始。

（3）PSFCH。PSFCH 内容包含一个资源块中一个比特的 HARQ 的确认（Acknowledgement，ACK）和非确认（Negative ACK，NACK）信息。承载 Sidelink 上接收 UE 向发送 UE 的反馈，具体形式可以是 ACK/NACK 或者 NACK-only。PSFCH 的时域资源（预）配置在第 1、2、4 时隙，频域/码域资源通过隐式方式获得。PSFCH 发送的天线端口从 port5000 开始。

（4）PSCCH。当传输用户终端需要传输数据时，其需要先行发送 PSCCH（部分 SCI）以用于其他用户终端解码进行信道感知。具体内容包含预留的传输时频资源、DMRS 模式和天线端口等。PSCCH 采用极化码编码和正交相移键控（Quadrature Phase Shift Keying，QPSK）调制方式，PSCCH 发送的天线端口从 port2000 开始。

（5）Sidelink 链路主同步信号/Sidelink 链路辅同步信号。NR Sidelink 同步信号包括 Sidelink 链路主同步信号（Sidelink Primary Synchronization Signal，SPSS）和 Sidelink 链路辅

同步信号(Sidelink Secondary Synchronization signal,SSSS),其分别使用 M 序列和 Gold 序列生成信号。通过检测用户终端发送的主同步信号和辅同步信号(由两种主同步信号序列和 336 种辅同步信号序列组合而成的 672 种 Sidelink 同步标识符),接收用户终端可以识别出 Sidelink 同步标识符(Sidelink Synchronization Identity,SSID),从而获得发送用户终端的特性。常见的起始小区搜索过程是通过搜索 SPSS 和 SSSS 获取时间/频率同步以及用户终端 SSID。传输主/辅同步信号的节点(用户终端、eNB、gNB)被称为同步源,但发送主/辅同步信号的用户终端不一定进行 Sidelink 传输。SSSS 发送的天线端口从 port4000 开始,与 PSBCH 相同。

(6)RS。Sidelink RS 包括解调参考信号(Demodulation Reference Signal,DM-RS)、相位跟踪参考信号(Phase-Tracking Reference Signal,PT-RS)和信道状态信息参考信号(Channel State Information Reference Signal,CSI-RS)。其中解调参考信号 DM-RS 又可以细分为 PSSCH 解调参考信号、PSCCH 解调参考信号和 PSBCH 解调参考信号。PT-RS 仅在 FR2 频段中存在,专用于 PSSCH 的参考信号,在 PSSCH 所在的资源块中传输。CSI-RS 用于指示信道的状态信息,发送的天线端口从 port3000 开始。

3.3.2.4 物理层架构

物理层架构设计主要涉及 NR-V2X 波形、编码、帧结构、带宽、信道设计、参考符号等方面的研究。

(1)在波形方面,NR-V2X 在 R16 阶段仅支持 CP-OFDM 波形以简化设计。

(2)在编码方面,类似于 Uu 接口的控制信道和数据信道传输,PSCCH 将采用 Pclar 编码,PSSCH 将采用 LDPC 编码。

(3)在帧结构方面,NR Sidelink 将支持多种 SCS,其中在低频(FR1)上 SCS 将支持 15kHz/30kHz/60kHz 配置,在高频(FR2)上 SCS 将支持 60kHz/120kHz 配置。在 R16 阶段,仅 60kHz SCS 支持扩展 CP,支持更大的通信范围。为简化设计,终端在同一载波上将用相同的参数集进行发送或接收。

(4)在带宽方面,SL 将和 Uu 共享授权频段,以及配置 SL 专用频段。在 NR SL 将定义部分带宽(Band Width Part,BWP)以及资源池进行灵活的带宽配置。对于授权频段,SLBWP 配置将独立于 Uu 接口的 BWP 配置,满足 SL 与 Uu 接口的差异性需求。资源池则表示基站配置给用户的时频资源集合。一个用户可配置多个资源池,且资源池需在配置 BWP 的范围内,如图 3-11 所示。

图 3-11　SL BWP 内配置资源池

为了减少 BWP 之间切换时延以及不同的 BWP 之间参数集的互相干扰问题,NR SL 在应用 BWP 时做了多个限制。首先,处于 RRC 空闲状态以及基站覆盖范围之外的用户在一个载波范围内只能配置一个 BWP;其次,处于 RRC 连接状态的用户在一个载波范围内只能激活一个 BWP；最后，由于一个用户不能同时工作在不同的 BWP 上，所以同一个用户将在相同 BWP 上进行 SL 收发数据。虽然 SL BWP 与 Uu BWP 相互独立配置，为避免用户发送设备频繁的参数集切换，用户在同一载波下配置的 SL BWP 和激活上行 BWP 将采用相同的参数集。

（5）在信道设计方面，SL 将包括控制信道 PSCCH、数据信道 PSSCH、反馈信道 PSFCH、PSBCH。其中，PSCCH 用于承载指示 PSSCH 传输的控制信令 SCI，将采用 QPSK 调制保证传输的可靠性；PSSCH 用于传输有用负载；PSFCH 用于发送 SFCI，至少用于承载 PSSCH 检测的 HARQ 反馈信息；PSBCH 则用于发送广播信息，将沿用 SSB 的设计思路，获取 SL 设备间的同步。

对于 PSCCH 和 PSSCH 之间的资源复用包括了 4 种选项，如图 3-12 所示。其中，选项 1A 当 PSCCH 与 PSSCH 占用相同频带，相比选项 1B 控制信道可获得更低的码率提高可靠性，相应资源开销更大，而选项 1B 在一定程度上减少了控制信道开销；选项 2 中 PSCCH 与 PSSCH 占用相同时域资源，类似 LTE-V2X 中的设计，可以获得更低的传输时延；选项 3 中 PSCCH 和 PSSCH 之间不存在时间间隔，可以进行同时检测以降低时延，同时控制信道相比数据信道采用部分带宽以降低资源开销。目前，标准确定至少支持选项 1A/1B/3 中的一项，其中选项 3 作为仿真评估必选项。在选项 1A/1B 中，PSCCH 和 PSSCH 可能存在一定的间隔，可以利用该间隔支持不同的 PSCCH 和 PSSCH 功率控制，以及进一步用于支持当周围终端到检测 PSCCH 指示的 PSSCH 发生碰撞时，辅助源节点进行 PSSCH 的资源重选，而在选项 3 中不支持该类型辅助。

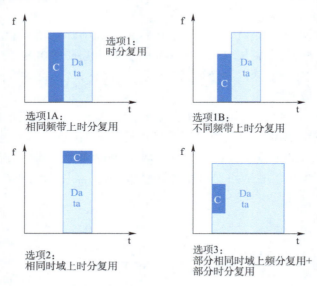

图 3-12　候选 PSCCH 与 PSSCH 复用关系

对于 PSCCH/PSSCH 与 PSFCH 之间的复用，为支持快速反馈，标准支持在一个时隙内 PSCCH/PSSCH 与 PSFCH 之间的时分复用。

关于控制信道 PSCCH，确定接收设备已知 PSCCH 的起始符号以及符号长度，具体获知方式可能通过预配等方式。为减省设备的检测开销，以及支持周围终端检测到 PSSCH 资源冲突时进行冲突指示，在标准研究中提出了两步 SCI 的技术，即第一步 SCI 包含相关的设备 ID 信息以及 PSSCH 资源指示信息，第二步 SCI 包含 PSSCH 相关必要的检测信息。

关于反馈信道 PSFCH，确定可以利用时隙内最后的符号进行传输，将进一步确定其格式，目前支持 PUCCH 格式 0 作为短 PSFCH 格式的基线，并采用一个符号（不包括 AGC 训练之间）用于 PSFCH。

（6）在参考符号方面，主要包括 DMRS、CSI-RS、SRS 和 PT-RS 的研究讨论。标准确定在 SL 中采用 DMRS、CSI-RS（定义新的）和 PT-RS，其中 PT-RS 用于高频。由于 PSSCH 最多支持 2 层的传输，因此在频域上，考虑采用 R15PDSCH DMRS 类型 1 的设计。关于 CSI-RS，将用于信道质量等级（Channel Quality Index，CQI）/秩（Rank Index，RI）测量并包含在 PSSCH 中传输。

3.3.2.5 传输过程

传输过程主要涉及 HARQ 反馈、功率控制、设备层 1-ID 信息生成方式等研究。

（1）HARQ 反馈。将在组播和单播场景中支持 HARQ 反馈以提升传输的可靠性，HARQ 反馈信息在反馈信道 PSFCH 中传输。在单播场景中，当收端正确检测 PSSCH 将向发端反馈 ACK，否则反馈 NACK；在组播场景中，考虑 ACK/NACK 均反馈或者仅反馈 NACK（收端采用相同的反馈资源），以减少开销。标准进一步支持基于收发距离激活/去激活 HARQ 反馈，以适应不同反馈信道条件。为灵活支持 PSSCH 和 PSFCH 之间的时间间隔，确定在一个资源池内 PSFCH 采用的资源可以周期性地（预）配置，其中周期可以是一个时隙或者多个时隙（目前标准支持 1、2、4 个时隙）。关于 PSSCH 和对应 PSFCH 反馈时隙，当 PSSCH 占用了一个时隙的最后符号进行传输时，且该 PSSCH 需要 PSFCH 反馈，则相应地在 PSSCH 之后的第 a 个时隙进行 PSFCH 反馈，其中，a 为大于等于 K 的对应时隙有反馈资源的最小整数，K 值待确定。PSFCH 采用的频域和码域资源参数则将通过 PSCCH/PSSCH/PSFCH 的时隙序号、PSCCH/PSSCH 的子带等相关信息进行隐性指示。

（2）功率控制。在 R16 阶段主要讨论支持开环功控，并且基站可以对功控进行激活和去激活。在单播场景中，将支持基于收发端间路损的开环功控，由发端进行路损估计，通过（预）配置对功控进行激活和去激活，并且层 3 的长期信号估计可以用于单播场景的开环功控。在组播场景中，主流支持类似单播场景下的基于收发端间路损的开环功控，但会引入较大的信令开销用于不同收端向发端上报 RSRP。由于终端还会存在基于 DL 路损的上行开环功控，标准确定后可以配置终端仅基于 DL 路损、SL 路损或者基于 SL 和 DL 路损进行 SL 的开环功控。当基于 SL 和 DL 路损进行 SL 开环功控时，采用基于 DL 和 SL 路损的 SL 开环功控下的较小值作为发送功率，以降低 SL 与 UL 之间的干扰。

（3）设备层 1-ID 信息生成方式。标准目前确定将源终端和目的终端层 1-ID 包含在 SCI 信息中，用于指示该信息发送源节点和目的节点。主流支持对于设备层 1-ID 信息的生成方式沿用 LTEV2X 的层 1-ID 信息生成方式，将层 2-ID 的部分信息作为层 1-ID 信息。在该方法中，由接收端根据 SCI 中的目的终端层 1-ID 去检测 SCI 指示的 PSSCH，再进一步根据 PSSCH 中 MAC 数据单元中的目的终端层 2-ID 信息确定接收端是否属于目的接收端，不属于则放弃进一步检测。可以看出该方法缺乏物理层安全，周围任一设备仍然可以对单播或组播的 PSSCH 进行监听检测。

3.3.2.6 资源分配

与 LTE-V2X 的模式 3 和模式 4 一样，NR-V2X 的资源分配模式分为基于基站调度（模式 1）和基于终端选择（模式 2）两种模式。模式 1 包括 NR 基站和 LTE 基站调度 NR 终端，将基于 RRC 信令（包括 Type1 和 Type2）或者下行控制信息（Downlink Control Information，DCI）实现调度功能，并且为减少 LTE 系统的标准化影响，R16 阶段考虑 LTE 基站调度 NR 终端时将基于 Type1-RRC 信令进行调度。而以模式 2 类似 LTEMode4，将包含资源预留、信道侦听与资源选择等关键技术讨论。除模式 1 和模式 2 外，在 R16 阶段将支持 NR 基站调度 LTE 终端，以增强 LTE 和 NR 网络之间的协作和对 V2X 业务的覆盖。

（1）模式 1。在动态调度方面，标准定义新的 DCI 指示 PSCCH 和 PSSCH 信道资源，支持为一个 TB 的一次或多次传输分配资源。为满足业务的低时延需求实现快速调度，将设计缩短 SR/BSR 调度请求机制。在 RRC 调度方面，支持同时激活多个配置授权用于传输不同的 TB，即支持设备同时发起多种业务的传输。对于 LTE 基站调度 NR 终端，由于 Type1-RRC 调度下，当发生重传时，需要 DCI 指示重传资源，而目前标准不支持 LTE 采用 DCI 指示 NR SL 传输资源。因此 LTE 基站调度 NR 终端可能局限于广播模式，或者无 HARQ 反馈的单播/组播模式。此外，终端需向基站上报 SL 的 ACK/NACK 以使基站进行新传或重传的资源分配。

（2）模式 2。在资源预留方面，对于一个 TB 的第一次传输资源的确定方法，标准支持至少两种方式：一是通过信道侦听选择，无须预留；二是经过 SCI 指示该 TB 传输的预留资源，该 SCI 同时指示另一个 TB 的重传输资源，并可以进一步通过（预）配置激活或去激活该特性。

为了提升传输可靠性同时降低时延，模式 2 支持为一个 TB 的重传预留传输资源，该重传可以是初传联合重复传输或基于 HARQ 反馈后发生，即支持当发送终端接收到 HARQ 反馈需要重传时，直接利用预留的资源进行 PSSCH 重传。基于 HARQ 反馈的重传预留可能发生在 ACK 反馈下预留的资源未利用，发送终端将不发送额外的信令指示该情况下的预留重传资源的释放，以节省开销。

在信道侦听方面，标准支持通过检测 SCI 信息和测量信道判断信道利用状态。主流支持定义一个类似 LTE-V2X 的侦听窗，用于信道侦听，融合 NR-V2X 场景下不同业务的侦听需求，如图 3-13 所示。

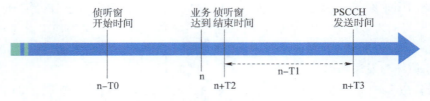

图 3-13　NR V3X 模式 2 侦听窗设计

参数 T0/T1/T2/T3 可以根据业务的时延需求，对 QoS、HARQ 等进行相应的配置。对于侦听过程中的信道测量，标准确定检测 SCI 之后进一步基于 DMRS 测量 SL 的 RSRP，测量结果将影响资源选择过程中候选可用资源集合，将测量干扰较大的资源从候选资源集合中去除。由于基于侦听窗的历史信息判断资源选择窗中资源占用情况不适用于非周期性业务模型，将考虑新的侦听和资源选择机制支持非周期业务需求。

在资源选择方面，为避免引入过多的资源碎片，确定 PSSCH 占用连续的 PRB。标准将定义资源选择窗，起始位置由资源选择触发确定，且窗大小与业务的时延需求关联。将子带(sub-Channel)作为 PSSCH 资源选择的频域最小粒度，子带的大小可以通过(预)配置调整，具体子带的大小以及 PSSCH 时域资源选择的最小粒度待进一步讨论确定。

(3) NR 基站调度 LTE-V。该模式包括 NR 基站调度 LTE-V 模式 3 以及模式 4 两种情况。对于调度模式 3，在 R16 阶段，为减少对 LTE-V 终端的影响，标准支持 NR 基站采用 RRC 信令配置 LTE-V 调度信息，并进一步基于 DCI 信令对 RRC 分配的资源进行激活/释放。与 LTE 基站对 LTE-V 进行 SPS 调度机制相同，相应的 DCI 格式采用 NR 基站调度 NR 终端采用的 DCI 格式的一种，并且 NR DCI 格式指示内容将包含 LTE-V 中的 DCI5A 指示的关于 SPS 调度信息相关内容，当终端接收到该 DCI 后，将在 4 + X ms 之后应用激活/释放。对于调度模式 4，主要目的是通过 NR 基站为 LTE-V 配置资源池信息，考虑重用 LTE SL 中的 SIB21/26 配置，具体配置内容由 RAN2 侧讨论。

3.4 车联网络应用场景

在车联网中，一定距离内的车辆可以直接通信，即 V2V 通信，车辆可以和人进行通信，即 V2P 通信，同时也可以和基础设施进行通信，即 V2I 通信。通过实时的交通信息共享，车联网可以根据当前道路的红绿灯分布、道路状况、车辆分布等信息对未来一段时间内该道路的交通拥堵状况进行合理的预测，从而协助车辆驾驶人智慧行驶。车联网通过对道路状况的实时掌握，实现了更快速、更智能、更绿色、更安全的智慧交通。以下是车联网中常见的几种应用。

3.4.1 车路协同测试示范区

我国积极推进智能网联汽车测试示范区建设工作，初步形成了"5 + 2"的建设格局。各地区结合智能网联汽车发展状况，依托地区优势、特色资源，积极探索和建设示范区。北京-河北、上海、重庆、浙江、长春、武汉、无锡等地已建设智能网联汽车测试示范区，积极推动半封闭、开放道路的测试验证，表 3-4 列出了中国智能网联汽车测试示范区的建设工作。

中国智能网联汽车测试示范区建设　　　　　表3-4

名　称	场景功能	特色分析	参与机构
国家智能汽车与智慧交通(京冀)示范区	分为高速公路试验区、城市交通试验区及乡村交通试验区	封闭测试(高速+城市交通+乡村交通)与实际道路测试结合，京冀地区联动	千方科技、亦庄国投、百度、北汽、大唐、中兴、长城汽车等 15 家
国家智能网联汽车(上海)ANICECITY 示范区	设有模拟隧道、林荫道、加油站、室内停车场等场景	GPS/北斗；DSRC、LTE-V、城市化道路网、新产业协同发展	上海国际汽车城、上汽集团、同济大学等

续上表

名　　称		场景功能	特色分析	参与机构
浙江示范区	杭州云栖小镇	设有小微站、宏站、车联网指挥中心等	LTE-V、5G 车联网指挥中心、互联网汽车	浙江移动、华为、上汽、西湖电子等
	桐乡乌镇	智能停车、紧急避让等多种场景	智能停车功能测试	中电海康、诺基亚、上海贝尔等
重庆 i-VISTA 智能汽车集成系统试验区		设有直道、弯道、隧道、桥梁、淋雨道、林荫道、ABS 低附路等	GPS/GLONASS/北斗、4G/5G 通信网络、DSRC/LTE-V、中国西部地形特征和气候环境	中国汽研、长安、一汽、易华录等
武汉"智慧小镇"示范区		封闭测试区 + 智慧小镇进行新能源 + 智能网联轿车/客车/专用车自动驾驶测试	DSRC/LTE-V、通信网 + 物联网 + 智慧网三网、无人驾驶示范小镇	武汉·中国光谷汽车电子产业技术创新战略联盟（CECOV）牵头
长春智能网联示范测试基地		智能驾驶、智慧交通技术，拥有冰雪天气条件	专注 LTE-V/5G 高速试验网络功能测试	车载信息服务产业应用联盟（TIAA）理事单位—一汽、启明信息主导推动
国家智能交通综合测试基地（无锡）		智能交通管理技术综合测试平台、交通警察实训平台、智能网联汽车运行安全测试平台	构建实际道路测试场景和管理平台推动解决智慧交通、车联网等交通问题	公安部交通管理科学研究所（无锡所）

在智能网联汽车测试示范区建设路侧单元，形成无线覆盖的测试示范区，可推荐测试内测试无人驾驶车辆安装车载单元，形成车联网。可全方位掌握测试车辆位置、速度、驾驶操作信息，可与无人驾驶车辆传感器信息互相印证，提高无人驾驶汽车的安全性。

3.4.2　车联网在消防领域中的应用

消防救援队对车辆管理主要通过两种方式：一是通过消防救援局统一推广使用的装备管理系统，二是通过警用地理信息系统（Police Geographic Information System，PGIS）进行管理。

3.4.2.1　现存问题

（1）消防车与装备系统之间缺少配合，二者不协调，未能一体化运转，无法实现消防车辆设备的精细化管理。

（2）智能化设备缺乏，信息化管理技术缺乏。虽然目前消防车辆管理使用了一些信息化技术手段，但在减少管理人员工作量方面仍然有所欠缺，总体工作与细节处理仍较为复杂，如消防车辆信息的统计、录入、删改等操作需要人工更新，对车辆装备核查需要人工逐一清点,车辆使用中进行维护、保养也需要人工记录等。

(3)信息通信存在障碍。面对复杂的火场环境,消防车随时可能失去通信能力,从而导致救援的拖延,影响救援效率与质量的问题。从目前"万物互联、万物智能"的发展趋势来看,消防车联网的开发应用尚未跟上时代步伐。

3.4.2.2 解决方案

以消防车为装备调度指挥切入点,对消防工况及装备状态实时检测系统进行设计,利用物联网、传感器、异构通信协议解析等关键技术,解决消防车辆底盘系统、水泵系统、罐体系统、随车配置的装备种类不清、数量不定、工况不明的问题。主要解决以下问题。

(1)提高消防车辆使用自动化程度与应用逻辑化水平的需求。例如,接警出动时,车辆启动系统可根据使用者需求(车辆启动后从消防车联网系统自动接收行动任务,可确定执行任务类型、事故地点等情况),自动规划到达以及所需时间(结合事故地点定位,基于地理信息的路线规划、行驶导航、时间估算等应用)。

(2)实现消防车辆日常管理动态化与作战应用实时化的需求。数据动态化主要包括两方面。

①在消防车辆日常管理中,实现车辆动态化精准管理。在车辆情况发生变动时(出入库、临时调配、维修保养、淘汰退役等),系统实现信息、状态的及时自动更新,实现系统台账信息与车辆实际情况的动态匹配,避免信息脱节、状态不符等情况,同时也一定程度上减轻了后勤管理人员工作量。

②在灭火救援行动中,实现数据信息实时化掌握。在指挥员制定作战行动计划以及调度部署方案时,需要及时准确地掌握自身战斗实力情况与灾害事故现场情况。而通过消防车辆实时化的数据信息感知采集、传输同步,能够确保情报信息的时效性与准确性。以这些实时信息为依据,指挥员便能统一部署调配,减少人力消耗,保存战斗实力,缩短决策时间,从而为战斗行动争取更多主动权。

(3)实现消防车辆各种设备控制集中、各种应用功能集成的应用需求。消防车辆本身就是复杂综合体,除了具备普通车辆行驶、运输等基本功能外,还重点配备了针对灭火救援作战需求的各类特种功能设备,如引水射流使用的车载消防机动泵、登高救援使用的举高臂和支撑系统、现场应急照明使用的升降照明塔和移动灯具、火场排烟使用的车载风机、抢险救援使用的起吊系统等。这些设备在消防车中与车辆控制系统相互独立却必不可少,在硬件无法合并的情况下,只能通过将控制系统设计集中来实现简化操作的目的。此外,消防车辆中不同应用功能相互交叉或部分重叠,应用工作平台过多,反而导致使用复杂不便。

(4)智能实现消防车辆战力、装备实时监测需求。通过对战斗实力数据监测掌握,一方面有利于中队指挥员准确了解自身情况,通过自身实力与灾情形势的比较,准确判断力量对比,便于及时申请、调集增援力量,避免贻误灭小、灭早、灭初期的最佳时机,导致火势失控,酿成严重后果;另一方面,在大型灭火救援现场,消防救援队大规模联合作战时,众多消防车战斗实力的实时信息汇总有利于指挥部统筹全局,准确下达作战命令,及时调整战略部署。

3.4.3 车辆诊断

车辆诊断系统主要包括汽车诊断仪、诊断云平台以及个人用户 App 三大模块。汽车诊断仪用于监测并收集汽车实时状况数据，包括静态以及动态的数据。例如，车辆故障数据是静态的，车辆轨迹数据是动态的，通过车联网，汽车诊断仪把数据上传至诊断云平台。诊断云平台对提交的数据进行分析计算，一方面可以对车辆的健康状况进行判断，检测车辆是否有故障，车辆油耗是否正常，车辆轮胎是否磨损等；另一方面可以对驾驶行为进行分析，判断驾驶人是否存在疲劳驾驶，驾驶行为是否出现偏差等。个人用户 App 可以接收来自诊断云平台的诊断信息，车主可以根据诊断信息对车辆进行及时维修，并对自己的驾驶行为进行更好的约束，提高了驾驶安全。

3.4.4 车载娱乐

车联网应用可以在车辆行驶过程中实时收集车主的驾驶信息，包括路况导航、广播收听、驾驶行为等相关数据，上传至云平台并通过云计算对这些数据进行计算分析，对车主不同时段的驾驶习惯进行模拟，为车主提供个性化的服务。在 5G 移动通信技术的背景之下，通过车载娱乐平台，车主可以随时享受个性化的服务，提高驾驶效率，缓解驾驶疲惫。此外，通过 V2V、V2I 以及 I2I 等通信技术，车辆之间可以共享文字、图片、视频等信息，车主通过信息共享，对前方路况信息进行大致的了解，对驾驶行为进行适当的调整，避免驶入拥堵路段，使得驾驶过程可以更智能、更娱乐。

3.4.5 车路协同交叉口应用

交叉口控制的本质是依据实时交通状况对交叉口中冲突点的通行时空资源进行合理分配，最终实现减少车辆在交叉口的等待时间、提高交叉口的通行效率的目的。

在路口布设路侧单元，路侧单元接收附近智能联网汽车的信息和从云端接收数据中心的数据，并不断向附近的所有联网车辆广播有关其间发生的事情的信息，从而提前警告他们潜在的安全问题并同时在驾驶人本身对道路观察的基础上提供进一步的信息。

智能联网汽车接收到路侧单元发出的信息后对驾驶进行调整，同时将自己的数据发送给路侧单元。路侧单元与车载单元建立连接后，车载单元向路侧单元发送包括车辆速度、车辆位置的车辆状态消息。路侧单元收到车辆状态消息后进行解析处理，实现对车辆运行参数的实时监测，然后，根据监测数据判定交叉口当前安全等级，并将判定结果与当前交叉口动态信息（当前信号灯状态、信号保持时间等）打包为交叉口状态消息或预警消息后实时向处于其通信队列的车载单元发送，其中，预警消息定向发布至潜在事故车辆，提醒其调整驾驶行为，避免事故发生。状态消息以广播方式发布，接收到消息的非事故车辆根据状态消息调整驾驶行为。图 3-14 所示为交叉口车路协同示意图。

3.4.6 车联网在医疗救护中的应用

在紧急救助时，救护车就是在和死神赛跑，如何减少救护车在行驶中所浪费的时间，如何利用救护车在路上运送的时间为病人做好更多准备,这是一个值得思考的问题。车联网解决了车与车、车与路、车与人、车与网之间的互联互通,实现车辆自组网及多种异构网络之间的通信与漫游,在功能上和性能上保障实时性、可服务性与网络泛在性。同时,在 5G 技术的帮助下,传输速率大大提高。对急救病人来说,分秒必争至关重要。

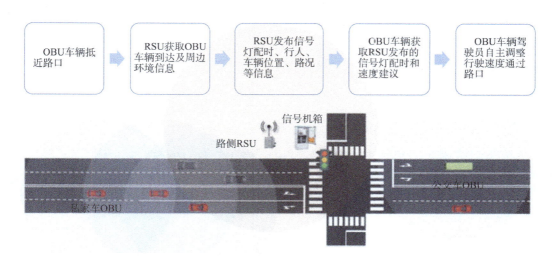

图 3-14 车辆通过交叉口车路协同示意图

3.4.6.1 车联网在救护车最快路径选择上的应用

救护车在行驶过程中会遇到一些交通的不确定性,例如交通堵塞、不遵守交通规则的人占用应急车道等,影响了救治的时间。

通过对路径的选择,可以规划出一条最快路径,减少救护车在行驶中浪费的时间,尽快到达目的地。

车联网通过无线传输技术将救护车的实时位置信息发到临近车辆,警示附近车辆提前避让。

将车联网与交通信号系统连接,当救护车行经有交通信号灯的路口时,根据车辆的位置、行驶速度等,与交通信号进行联动,保证车辆通过路口时信号为通行状态,并且能对整体交通造成的影响最小。

3.4.6.2 车联网在及时救护上的应用

在急救过程中,急救人员只能根据现场状况对病患进行初步救治。当病患被送抵医院后,医院才安排医生进行规范救治,这样病患不能以最快速度得到救治。

如果救护车上的医疗设备,将患者信息及检测患者生命体征数据输入并传输给车联网智能终端,医院里的医生可以根据接收到的信息判断病患的伤情,提前做好救治准备。

车联网与医院的云平台进行交互,如果患者拥有历史病例,将其就诊的历史记录同时反馈给医生,让医生对患者的情况有进一步了解。

3.4.7 货运车队应用

在固定线路上,自动驾驶技术可以实现以车队运行的驾驭方式。自动驾驶可以极大减少对货车驾驶员的需求,并极大地降低交通事故的发生概率,从而可以进一步降低运输成本。当前,自动驾驶技术比较适用于干线运输这一细分场景,其原因在于干线运输行驶场景主要为高速公路,高速公路相比起城市主干道来说,行人、骑车人数量较少,复杂的道路路口、交通指示灯等设施相对较少,系统对道路上车辆行驶轨迹更易进行预测。

对于高速公路或国道交通流量较少的情况,可采用车队行驶的方式,7~10辆货运卡车组成车队,头车和尾车采用人员驾驶,中间车辆采用跟车无人驾驶的方式进行长途运输。

3.4.8 园区、机场、港口应用

由于场景相对封闭、运行区域规范整洁,机场、码头、货运场站等封闭区域汽车无人驾驶项目已成为无人驾驶应用的主要领域。

应用车路协同服务系统,对区域进行信息化改造,通过装载路侧单元及车载单元,实现V2V、V2I、V2N的互联互通,并进一步实现对单个车辆的运行控制及区域车辆的协调控制和管理,优化运行路线,能够有效避免车辆碰撞,降低物流成本,提高货物运输的效率及货运服务质量。

第4章
面向车路协同的融合通信网络技术

车联网技术方案需要支撑四方面的需求：一是降低道路事故发生率，减少人员伤亡损失及相应的社会成本；二是提高通行效率，降低整个社会的交通运输成本和出行成本；三是车辆与道路基础设施的充分联网和信息交换，使监管部门减少人力成本，同时提高管理能力和效率；四是通过建立车联网综合平台，为个性化的内容服务和信息消费打开更为广阔的空间。

车路协同最早由欧盟委员会第六科技框架计划提出并研究，旨在通过车、路、人、货的信息交互和共享，提高出行效率、提升人车安全、减少环境污染。自车联网概念出现后，车路协同作为车联网的应用之一，得到了更多的关注，并在许多国家和地区得到了实验和应用。例如，最早的车路协同系统（Cooperative Vehicle-Infrastructure System，CVIS）的应用——车辆预防与保护、紧急呼救，以及当下宝马、丰田等车企集成信号灯实时信息展示、路口防撞等应用。

车路协同技术代表了未来智能交通系统的发展方向，是新的智能交通发展的高阶模式。以数字化为代表的交通基础设施变革为车路协同发展赋予了新的内涵，"数字交通基础设施如何推动车路协同发展"入选中国科协发布的"十大对科学发展具有导向作用的科学问题"。随着数字化进程的演进，车辆与道路的智能化水平不断增强，车路协同系统、信息系统与物理系统并重，系统上具有自治性、自组织、网络化、非线性、强耦合、泛随机、异粒度等属性，属于典型的信息物理复杂系统。

目前，混行交通流中的车路协同技术仍处于弱耦合阶段，智能车辆和数字交通基础设施研究之间并没有强关联性。通过路端数字基础设施监控反馈调节智能无人驾驶车辆，缺乏将无人驾驶车辆智能群组化的自组织策略。无人驾驶车队和路端数字基础设施之间可靠性和交互性差，不能做到真正意义上的车路协同。现有的车路协同研究主要集中在协同规划，智能车辆建立动力学模型，控制边界、道路几何、避撞等约束进行求解，路口针对每辆车的轨迹进行优化并与每辆车进行反复交互协同。

在面向城市大规模车辆和路口的情况下，优化节点规划维度呈指数型增长，这将带来"维度灾难"的难题。应用分布式计算是解决途径之一，但是像一个城市如此巨大的规划问题，对于计算资源的需求会达到天文数字。

随着人工智能学科高速发展，其在计算智能和感知智能方面已经超过人，在认知智能上也有了较大突破，智能车辆等系统在特定情况下接近自治系统的高度。把这些智能可以通过合作和竞争机理形成协同模式，也是解决问题协同问题的研究思路，这样，可以把维数灾难问题降维到分布式协同，把复杂优化问题演变成基于简单规则的协商，虽然不能立竿见影形成最优的控制效果,但是,可以通过系统的协同进化,实现优化的演进符合生物进化规律特征。因此,形成分布式智能协同的、人工社会方向的、面向交通实际特征的、面向实践应用的车路协同机理和模型体系,是一种新的可行的研究途径。

协同驾驶是指自动驾驶车与车之间的协同,涉及自动驾驶车辆集群、数字基础设施在云环境下的协同合作,实现集群整体目标最优,是集群智能技术的重要体现。所以,从集群智能的角度,协同驾驶所考虑的自动驾驶车辆集群和机器人集群有着共同的特点,都是使具备有限自主能力的多个智能体通过相互信息交互,在各种约束条件下共同优化一个全局目标。

4.1 融合通信网络体系架构

车路协同下自动驾驶车辆之间、路端数字基础设施与车辆之间,均通过网络进行通信。所以,研究车路协同下的通信与组网,对于车路协同下的自动驾驶车路运动问题有重大意义。

车路协同通信包含 V2I,即 OBU 与 RSU 之间的通信,常用于车路信息采集(上行)、路况信息广播(下行)以及车与车之间的通信中继。V2V 包括了车与车以及车与行人之间的信息交互。车路协同通信融合网络的体系架构如图 4-1 所示,该架构分为应用层、平台层、通信网络层、路侧基础设施和终端。

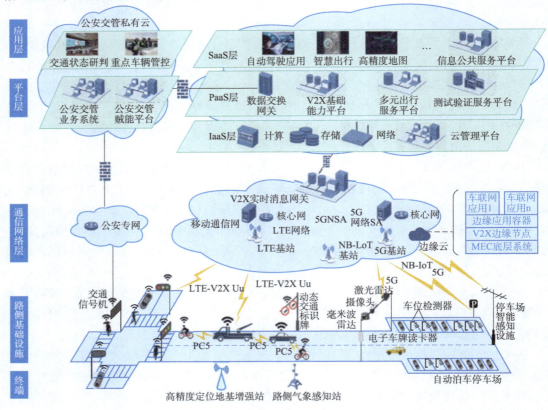

图 4-1 车路协同系统架构

4.1.1 路侧基础设施

路侧基础设施主要包括 RSU、交通信号机、路侧智能感知系统（各类摄像头、激光雷达、毫米波雷达等）、动态交通标识牌、电子车牌 RFID 读写器、车位检测器、高精度定位地基增强站以及路侧气象感知站等相关设备。

RSU 是部署在路侧的通信网关，是连接路侧各类设备、传感器以及车辆，开展 C-V2X 车联网业务不可缺少的核心单元。它汇集道路智能感知设备、智能交通基础设施以及周边车辆的信息，通过有线或无线的方式上传至 V2X 平台，并可将周边交通信息下发至相关车辆。具体来说，RSU 将交通信号机输出的红绿灯相位与配时信息、车道拥堵排队与平均车速信息、临时交通事件信息（交通管制、事故、道路维护、路面遗撒/积水/结冰等）以及动态交通标识牌信息等数据，以无线或有线的方式上传至 V2X 基础能力平台，同时，以 LTE-V2X PC5 接口向周边车辆广播。此外，激光雷达、毫米波雷达、摄像头等所采集的路面交通实时数据经 RSU 传输至边缘计算云，由边缘计算云上的路侧感知单元进行实时计算后，转化为基本安全消息（basic safety message，BSM），再通过 RSU 的 LTE-V2X PC5 接口向周边车辆广播。

4.1.2 通信终端

通信终端主要包括车载前装 V2X OBU、前装 V2X 智能车机、后装 V2X 智能后视镜、后装 V2X 智能行车记录仪以及各类智能手机 App。目前，各类前装车载终端皆支持 LTE-V2X 的 Uu 和 PC5 接口，可通过 PC5 接口以实现 V2V、V2I 和 V2P 的应用功能。通过 Uu 接口实现 V2N、V2N2I 的应用功能。后装终端和手机 App 则主要通过 Uu 接口接收 V2X 平台下发的各类 V2X 消息，以实现 V2N2X 的功能。目前，主要实现的功能为 V2N、V2N2I 的应用功能。

终端与车联网 V2X 平台交互消息主要有以下三类。

(1) 认证类消息：V2X 终端在设备注册后，先向 V2X 平台发送的认证消息。

(2) 上报类消息：主要是车辆 BSM。V2X 终端以一定频率上报包含有车速、位置、行驶方向等信息的车辆 BSM 至 V2X 平台。

(3) 下发类消息：主要是交通信号灯消息（signal phase and timing message，SPAT）、地图消息（map data，MAP）、交通事件消息（roadside information，RSI）和路侧安全消息（road safety message，RSM）。V2X 平台根据 V2X 终端的位置信息，向 V2X 终端下发信号灯消息、地图消息交通、交通事件消息和路侧安全消息，以支持各类应用场景的实现。

路侧智能感知系统基本原理如图 4-2 所示。

4.1.3 V2X 平台

车联网 V2X 平台作为车联网 V2X 业务的基础能力平台，需要满足 V2X 业务超高并发、超低时延、高速移动、数据异构等需求。以中等城市无锡为例，汽车保有量约 200 万辆，根据 3GPP 定义的辅助驾驶阶段每辆车每秒钟发送 10 条 V2X 消息，V2X 平台每秒需要处理千万级的数据，单条业务数据端到端处理时延要求在 20~100ms。因而，需要全新的多级平台架构，以对应 V2X 业务在数据接入、数据计算、数据存储、数据推送、数据安全方面带来的极大挑战，如图 4-3 所示。

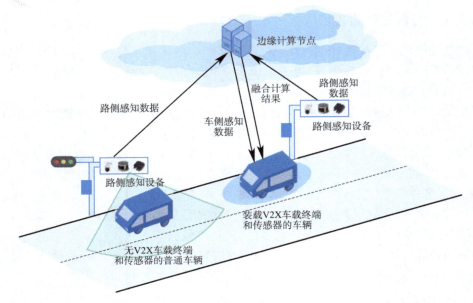

图 4-2　路侧智能感知系统基本原理

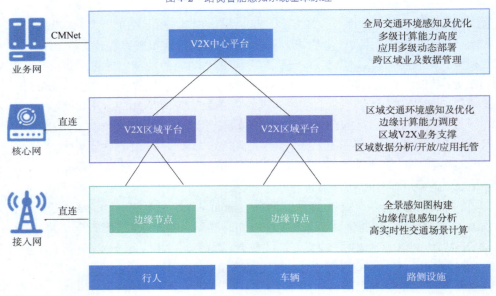

图 4-3　V2X 平台多级架构网络

在图 4-3 中，V2X 中心平台主要支撑全网业务，并提供全局管理功能，包括全网业务运营管理、全局数据的分析和管理、多级计算能力调度及多级平台系统管理等，可部署在业务网的机房中。V2X 区域平台提供区域管理功能，可根据业务量支撑省/市区域范围内业务，包括区域业务运营管理、区域平台管理及从属的 V2X 边缘节点管理等，区域计算平台可部署在核心网机房中，服务对时延要求较高的业务场景。V2X 边缘节点主要支撑边缘范围内低时延、高吞吐 V2X 业务，可部署在接入网机房或者 MEC 服务器上，服务自动驾驶或辅助驾驶等高实时业务场景。

V2X 平台提供融合感知、实时计算、数据分析、能力开放等多种基础功能,具体架构如图 4-4 所示。

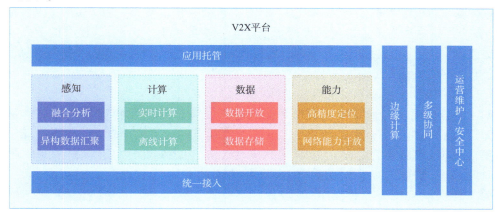

图 4-4　V2X 平台功能架构

统一接入系统提供多种车联网终端、路侧单元、外部系统的统一接入、鉴权、协议适配等功能,并支持分布式部署,下沉至核心网或网络边缘,形成 V2X 实时消息网关。感知系统包括异构数据汇聚和融合分析两大功能模块。其中,异构数据汇聚功能模块提供车端、路侧设备、传感器以及政府或第三方交通信息平台的数据汇聚,并根据应用场景对处理时延、传输带宽的具体需求,支持分级、分类缓存及分析功能;融合分析模块作为数据分析基础服务平台,集成车联网基础智能算法、机器学习基础算法等,支撑融合分析能力,并支持第三方算法部署和大规模分布式计算。

4.2　车辆自组网融合通信技术

4.2.1　基于令牌环机制的车辆自组网技术

4.2.1.1　无线令牌环协议

无线令牌环协议(Wireless Token Ring Protocol,WTRP)是一种能够在 MAC 层实现一定 QoS 保证的、基于轮询机制的、分布式的控制接入协议。WTRP 通过建立逻辑令牌环实现对无线信道资源的管理,具有以下特点。

(1)令牌环上的每个节点享有同等带宽和同等的发送权,节点在规定的令牌持有时间内发送数据包(具有严格的时间限制),不存在竞争和冲突。同时,节点在预留的时间获得发送权,降低节点接入的等待时延,信道利用率提高。

(2)令牌环上节点按照令牌传递的顺序发送数据包,避免同一环上节点的冲突。等待加入令牌环的时候,节点暂停发送数据包,避免加入过程冲突,由此降低了因冲突导致的数据重发的次数。

(3)WTRP 是一种分布式的 MAC 协议,支持多种非常灵活多变的网络拓扑结构,在某些情况下网络是部分连通的,也就是说"漂移"的节点可以随时提出申请加入或离开令牌环,同时令牌环能够检测到"被动"离开的节点,即对个别节点的失效具有鲁棒性,并且当多个节点同时失效时,能够在一定时间内恢复。

当然,令牌的传递机制有其局限性。首先,与基于竞争的随机多址接入方式相比,WTRP作为一种基于轮询调度的接入控制方式,增加了系统维护的复杂性和开销。其次,传统的WTRP要求网络中所有节点数据的发送都依赖于令牌的传递。因此,即使有的节点当前没有数据包等待发送,它也必须转发令牌。这样周期性地转发令牌导致整个网络能耗的增加,这个矛盾在网络负载较低时尤为突出。

4.2.1.2 WTRP 的基本思想与实现机制

WTRP通过建立逻辑令牌环实现对无线信道资源的使用和管理。令牌环上每个节点都知道自己的前驱节点和后继节点,当节点收到上游节点的令牌后,开始在规定的时间内发送数据,然后再将令牌传递给它的后继节点。如果节点发送数据的时间超出规定的时间长度,则被迫终止发送数据,而将令牌传向其后继节点。依次类推,同一令牌环上的节点按照接收令牌的次序,轮流使用同一个无线媒介。一旦逻辑令牌环建立起来,环上节点在规定的令牌持有时间内按照令牌传递的顺序发送数据。令牌环上每个节点享有同等带宽和发送权,不存在竞争和冲突,同时降低了节点接入的等待时延,提高了信道利用率。

(1) WTRP MAC 帧结构。

由于 WTRP 是一种通过在令牌环上有序节点间传递令牌来管理节点共享传输媒介的 MAC 协议,所以帧中隐含大量的控制信息,在借鉴了 IEEE 802.11 帧格式的设计思想的基础之上,WTRP 的 MAC 帧的通用帧格式如图 4-5 所示。

FC	Retry	RA	DA	SA	NON	NS	GenSeq	Seq	FraNum	帧净荷
1	1	6	6	6	2	6	4	4		可变 bytes

图 4-5 WTRP MAC 帧结构

其中,MAC 数据帧也被称为 MAC 层协议数据单元(MAC Protocol Data Unit,MPDU)。对 WTRP 通用帧格式中各个域作出了详细解释如下。

①FC 域:标识了帧类型。

②Retry 域:表明了这是以前发送的某一帧的重传。

③RA(Ring Address):环地址字段,用来标识令牌所属的令牌环的地址以区别不同令牌环上的令牌。WTRP 定义的令牌环的地址实际上就是该环上某一节点的 MAC 地址。

④DA(Destination Address):目的节点 MAC 地址。

⑤SA(Source Address):源节点 MAC 地址。

⑥NON(Number Of Node):表示令牌环上允许接入的节点个数。

⑦GenSeq(Generation Sequence Number):生成序列号字段,当令牌环被建立时由令牌环 owner 节点置初始值为 0,每经过一轮令牌传递,由令牌环 owner 节点对其加 1,计数范围 0 ~ 2 强。

⑧Seq(SequenceNumber):序列号字段,初始值由令牌环 owner 节点置 0,每经过一个传递的节点由该节点累加,再次经过令牌环 owner 节点时由其重置为 0,计数范围 0 ~ 2。

⑨FraNum 域使得分片(Fragments)可以被编号,其中 16 位中的 12 位标识该帧,4 位标识该分片。

⑩帧净荷:可变长的数据净荷。受物理层定义的 PHY 服务数据单元 PSDU1 的最大数据长度限制,除去 MAC 层头尾开销,MSDU 的最大数据长度有所不同。fraNO 为该帧的帧序列号。帧净荷只在数据帧中有效。

⑪NS:某些类型的令牌如 solicit,令牌帧中的 NS 发出此令牌的节点的直接后继节点的 MAC 地址。

WTRP 中定义了不同类型的帧用于通信,由 FC 域标识的帧类型具体分为以下几种,如图 4-6 所示。

0	0	C	C	C	C	C	C
	0	0	0	0	0	0	普通令牌
	0	0	0	0	0	1	solicit_successor token
	0	0	0	0	1	0	set_predecessor token
	0	0	0	0	1	1	set_successor token
	0	0	0	1	0	0	Initialize token

普通令牌:

00000000	RA	DA	SA	NON	GenSeq	Seq	
1	6	6	6	2	4	4	字节

solicit_successor token:

00000000	RA	0	SA	NON	GenSeq	NS	
1	6	6	6	2	4	6	字节

图 4-6 令牌帧类型

(2)令牌环主。

令牌环的环地址实际上就是环上某个节点的 MAC 地址,称此节点为令牌环主节点(owner)。WTRP 认为每个节点的 MAC 地址唯一,环地址(RA)也唯一。令牌环主节点负责令牌环的初始化工作以及环上某些信息的更新,比如令牌每传完一轮,令牌中的 GenSeq 字段由令牌环主节点累加一次。每个令牌环始终存在环主节点,当环主节点离开令牌环的时候,由其后继节点将所传递令牌的环地址修改为自己的 MAC 地址,从而声明为环主节点。当环主节点在没有通知环上其他节点的情况下就离开,此种情况由环主节点的前驱节点在传递令牌的过程中检测到,并向环主节点的后继节点发送 set_predecessor 令牌以闭合令牌环。收到 set_predecessor 令牌的节点判断是否是令牌环主离开,如果是的话,自己成为令牌环主并生成新令牌传向后继。

(3)连接管理器和连接表。

令牌环的维护过程包括节点加入令牌环的处理以及环上节点离开令牌环的处理,目的是维护令牌环封闭的逻辑结构。处理过程依赖一份记录可连接节点和连接次序的连接表(Connectivity Table)。因此,令牌环上每个节点都需要维护自己的连接表。具体措施是:令牌环上每个节点设置一个连接管理器,用以跟踪令牌,并根据侦听到的令牌中的序列号字段来维护一份记录可连接节点和连接次序的连接表。连接表在令牌环初始化时,通过令牌的传递来完成。

(4)接入控制管理器。

每个令牌环设置一个接入控制管理器(Admission Control Manager),负责邀请环外游离节点加入该环,可以随令牌移动而移动。接入控制管理器负责环上资源的监控,只有满足接入条件时才允许向环外的节点发出邀请。环上的"资源"定义见表4-1,只有同时满足 NON < MAX_NON 和 RESv MTRT < MAX MTRT 才表示环上资源满足要求。同时,接入控制管理器,还要通告可利用资源的情况,只有当令牌环能够提供满足节点需要的资源时,节点才会接收邀请。

资源的定义   表4-1

资源名称	资源定义
MAX-MTRT（maximum token rotation time）	令牌最大环绕时间,表示环上每个节点所能允许的最长等待时间
RESV—MTRT	表示环上所有节点的令牌持有时间(THT)之和
MAX NoN	表示令牌环上允许接入节点个数的最大值

(5)隐含确认信息和多令牌消除机制。

每个令牌环始终存在环主节点,环主节点负责产生令牌和更新令牌中的 GenSeq 值。当环主节点"主动"离开令牌环的时候,由其后继节点将所传递令牌的 RA 值修改为自己的 MAC 地址值,从而声明自己成为新的环主节点。如果环主节点没有通知环上其他节点就离开,当节点接收到一个令牌时,检测令牌中的 GenSeq 值,如果判断其没有被环主节点更新,则认为环主节点失效,选举自己成为新的环主节点。

由于无线信道是不可靠的信道,传递中的令牌有可能损坏或者丢失。无线令牌环协议采取"隐含确认信息"机制来判断令牌是否传送成功,此机制区别于 IEEE 9802.11 协议的确认机制(节点发送完数据包,等待来自接收节点的 ACK 一控制分组,用以确认数据包发送成功),有两种信息可以作为隐含确认:

①任何一个与自己具有相同的令牌环地址的数据包;

②由自己后继节点发出的带有任何令牌环地址的数据包。

当节点向其后继节点传递令牌后,进入监听状态,如果在一定时间内听到隐含确认信息,则判断令牌传递成功。否则,认为令牌丢失。于是,节点生成一个新令牌传递给后继节点。但是确认信息丢失不一定代表令牌的丢失,因此,可能出现多个令牌同时在环上传送的情况。为了解决这个问题,WTRP 引入了"优先级控制多令牌"机制:令牌的 GenSeq 值越大,令牌的优先级越高;当两个令牌的 GenSeq 值相同时,用 RA 来区分令牌优先级的高低。具体的措施是:每个节点都保存它最后一次接受的令牌中的 GenSeq 值和 RA 值,当节点再次获得令牌时,通过比较当前收到的令牌中的 GenSeq 值和 RA 值与自己保存的 GenSeq 值和 RA 值的大小来决定是接受还是删除收到的令牌。

4.2.1.3 令牌环用于 VANET

数据分发是大多数 VANET 应用的基本功能,但与传统 MANET 相比,VANET 既具有节点高速移动、间歇连通性和快速动态网络拓扑等不利因素,难以保证移动节点间持续稳定的连接;具有节点可装配 GPS、容易获得自身及邻近节点的地理位置信息、运动轨迹具有可预测性、数据转发的延迟容忍等有利因素;且使用可充电电池,无能源受限问题。可见,传统的 MANET 数据分发算法在 VANET 环境下并不适用。此外,在实际应用中,车辆获取和扩散的数据信息种类都是多种多样的。由于数据的接收者可能只对其中某种或某几种信息感兴趣,因此这些数据需要进行分类传输。例如,对于一个交通事故引起的堵塞信息,只有那些行驶路线经过该区域或者目的地就在该区域的车辆需要知悉,再比如,事故告警、道路交通信息查询等,可以将车辆收集的不同种类数据分类传输给不同的兴趣车辆,以便及时进行处理。为了满足上述应用的需求,就需要设置一种高度灵活、动态的数据信息分发处理系统,而发布/订阅(publish/subscript,pub/sub)系统正具有这样的数据分发处理能力。据统计,在欧洲每天有大约 3000 万辆汽车阻塞在道路上,由此增加的能源消耗、尾气排放和时间浪费而带来的经济损失数以亿计,研究并建立这种信息分发处理系统有着十分重要的意义。pub/sub 系统是一种使分布式系统中的各参与者,能以 pub/sub 的方式进行交互的中间件系统。在 pub/sub 方式下,信息发布者以"事件"的形式将信息发布到 pub/sub 系统中,订阅者定义一个订阅条件,表示对系统中的某一特定种类的事件感兴趣。pub/sub 系统事件代理则保证将所发布的事件及时、可靠地传送给所有感兴趣的订阅者。然而,由于 VANET 是间断连通的,并且一般的 pub/sub 系统没有考虑网络拓扑快速变化的问题。所以传统的 pub/sub 路由技术在 VANET 环境下也不适用。根据 VANET 的特点,一种基于车辆移动分布感知的 pub/sub 系统事件分发策略数据分发(Mobile Distribution Aware,MDA)被提出来。

(1) MDA 简介。

基于 VANET 的车辆运动具有有序的自组织结构,建立一种事件广播令牌机制,规定凡捕获该令牌的车辆即为事件代理。充分利用车流的自组性和自稳性的特点,通过计算车辆与移动订阅者的相遇概率来预测订阅者的移动分布,并以此为依据,实时部署和调度事件令牌在网络中的移动,捕获该令牌成为事件代理的车辆通过对事件周期性的广播,有效地覆盖了订阅者的当前分布区域,保证了数据传递的有效性。与以往的相关研究相比,MDA 在 VANET 基础上引入了 pub/sub 系统模型,采用了一种全新的启发式概率算法,能够使概率的更新更好地适应网络环境的动态变化。此外,MDA 也采用了一种基于概率预测密度的令牌数控制算法,能够根据订阅者的移动分布实时地调整事件令牌的数量,从而有效地控制事件代理的密度,降低了整个网络的负载。在 VANET 环境下,MDA 能以较低的网络负载和传输延时获得较高的事件传输成功率。

(2) MDA 模型。

①假设与定义。假设每辆汽车都装配了自动导航系统(navigation system),能够通过 GPS 服务获得其所在的位置,整个交通网络能够被抽象成一个有向图 G(V,E)如图 4-7 所示。其中,节点集合 V 表示路口,边集合 E 表示路段。每辆车都装载了电子街道地图,在导航系统的协助下,能够计算出从源点到目的点的一条地理最优路径。汽车利用短距离无线信道(100~250m)与其他汽车进行通信。此外,每辆汽车都能记录订阅信息(subscription),并能与接收事件进行快速匹配。

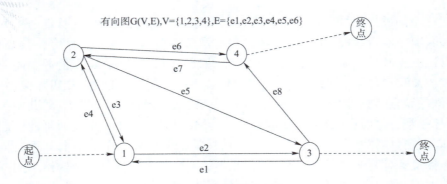

图 4-7 交通网络有向图

a. 定义 4-1：邻居汽车。邻居汽车是指在其通信范围内的所有其他车辆，如图 4-8 所示，车辆 B、C、D、E 为车辆 A 的邻居汽车。汽车通过 hello 消息获取邻居汽车的信息，如位置、速度以及运动方向，并保存在邻居表（neighbors table）中。

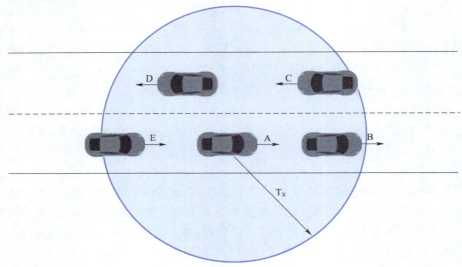

图 4-8 邻居汽车

b. 定义 4-2：事件令牌。事件令牌主要由通告消息、广播令牌两部分组成。通告消息即为事件产生源需要扩散的消息，广播令牌就是节点车辆广播事件消息的许可证。事件令牌的数据记录格式如下：

$$(Range, TimeToLive, Notification, Token)$$

其中，Range 定义了事件的扩散区域，TimeToLive 代表了事件的有效生存时间，Notification 即为需要广播的事件，Token 则为广播令牌。

c. 定义 4-3：事件代理。捕获令牌的车辆即为代理，能够周期性地在通信范围内持续广播事件（notification）。如图 4-9 所示，拥有事件令牌的车辆成为了事件代理，凡在其通信范围内的事件订阅者均能接收到事件代理广播的消息。只有当代理释放令牌或离开扩散区域时，才会停止广播。事件令牌通过短距离无线信道转发给下一个普通车辆，捕获该令牌的车辆即成为新的事件代理，原事件代理变为普通车辆。

②间距描述。车载自组织网络中的 pub/sub 系统由事件发布者、事件订阅者和事件代

理组成。在图 4-9 中,由事故车辆或附近车辆作为消息源发布事故消息,通过实时部署和调度事件令牌在车载自组网中的移动。指定相关车辆作为事件代理,从而有效地控制了代理车辆的运动和分布。

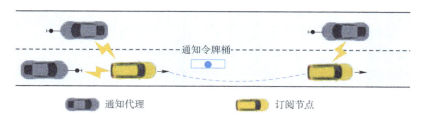

图 4-9 事件令牌和事件代理

根据定义 4-3,车辆一旦捕获令牌,即成为事件代理。通过代理车辆的周期性广播,将消息传递给其通信范围内的所有订阅车辆,避免了消息无区分的盲目扩散与大多数已有 pub/sub 系统类似。VANET 的 pub/sub 系统要解决的关键问题也是如何使发布者发布的事件尽量低成本、高效和可靠地到达各订阅者为了满足上述要求,有效的 VANET 中的 pub/sub 需要同时满足以下特点:

a. 能够实时地根据订阅者的移动分布,合理地调度令牌的移动,从而使捕获令牌成为事件代理的车辆,以有效地广播覆盖订阅者的当前分布区域。若令牌的部署和扩散不正确,则无法保证事件代理周期性的广播能够有效地覆盖订阅者的当前分布区域,进而降低数据传递的有效性;

b. 设计恰当的事件令牌数控制算法。合理的令牌数量能够有效地控制事件代理的分布密度,这必然有利于降低网络的负载,提高整个网络的性能基于上述分析,事件的传输成功率是主要的设计目标,在考虑事件传输成功率的同时还要兼顾事件的传输延时和由此带来的网络通信负载,以达到三者之间的平衡。

③框架设计与实现的步骤。VANET 中面向 pub/sub 系统的事件分发策略 MDA 具体描述如下。

基于 MDA 策略的数据分发中共有四种参与角色:事件发布者、事件代理、事件订阅者和普通车辆。方案实现需要经过以下两个阶段。

第一阶段:事件订阅者的确认及预测概率的计算。

a. 普通车辆均能在任何必要时刻产生并记录订阅消息(subscription);

b. 事件产生源首先扩散订阅确认包(polling packet),该确认消息会在通知区域内周期性地扩散,车辆记录的 subscription 一旦与 polling 消息匹配,该车辆即成为事件订阅者;

c. 通知区域内的每辆车将实时计算和更新自身与订阅车辆的相遇概率;

d. 订阅车辆一旦驶离事件规定的通知区域,则取消订阅转变成普通车辆。

第二阶段:事件令牌的调度和代理的产生。

事件源发布者会初始化产生和发布一定数量的事件令牌。

a. 该类令牌会通过网络中的移动车辆进行扩散;

b. 接收到事件令牌的车辆将捕获其中的令牌从而转变成代理,再将通知事件进行周期性的广播直到事件令牌被转发给下一个车辆或令牌有效时间耗尽为止;

c. 各代理会周期性地对通信范围内的邻居汽车进行聚类,根据各簇对订阅车辆的预测概率来决定令牌的转发。此外,代理还会根据邻居汽车概率预测密度,实时地调整令牌的数量,有效地控制网络通信负载。这里给出 4 种相关的原语操作:

Ⅰ.匹配原语,能够将接收事件与车辆自身所记录的订阅信息进行快速匹配;

Ⅱ.事件令牌转发原语,释放事件令牌,将其转发至下一指定车辆;

Ⅲ.事件令牌复制原语,复制增加事件令牌,从而增加事件代理;

Ⅳ.事件令牌删除原语,删除冗余令牌,减少事件代理。

下面将对各关键步骤进行详细的讨论和分析。

(3) MDA 关键步骤事件确认者的确认。

普通车辆均能产生并记录自己的订阅消息,大量确认订阅身份的数据包会以传染式路由方式,按照包中指定的通知区域迅速扩散,该数据包格式如下:

$$\langle Range, Location, Type, TTL \rangle$$

其中,Range 代表扩散区域,Location 代表事件源地点,Type 表示事件类型,TTL 是该事件的有效时间。

区域内的车辆会在其有效时间内以传染式路由方式持续扩散该订阅确认包,只有当车辆离开该区域或者有效时间耗尽时,车辆才停止扩散。这样,一旦在事件有效时间内,任何订阅该类事件的车辆进入事件通知区域,均能在短时间内迅速收到订阅确认包。然后,使用匹配原语与记录的订阅消息进行高速匹配,以确定该车辆是否作为订阅者对该事件感兴趣。

① 订阅消息的模式为:

$$(type, name, operation, value)$$

其中,type 是操作符,例如"$<$,$>$,$=$,between"等。当且仅当订阅的所有约束被满足时,一个确认数据包匹配一个订阅。

② 订阅确认数据(polling packet)仅包括扩散区域、事件类型、事件源地点与有效时间等少量关键信息,其大小远小于事件令牌数据本身。

模拟实验中,一次实验所扩散的所有确认数据包的数据总量只占总数据通信量的 2.5% 左右,并且从初始传染源(即事件产生源)采用传染式方法扩散该消息至全通知区域的时间也不足 4min,仅占模拟实验时间的 6.5% 左右。

(4) 预测概率的计算与更新。

预测车辆与订阅者相遇的概率表明了车辆与订阅者通信的可能,数据传输就是根据对订阅者的预测概率进行的。预测概率是基于车辆与订阅者历史相遇的频率而做出的一种预测估计。由于在城市场景下,车辆构成的交通流具有典型的自组织特性。因此,在系统模型中,事件订阅车辆并不是均匀地分布在通知区域内,它们的运动模式也不是随机的。实际上,在自组织的交通流系统中,车辆的运动是一种有目的的行为,而不是一种完全无规则的游走,每个交通流的主体行为是一种理性驾驶,从而使其本身具有一定的自稳能力,并具有保持并恢复其有序状态的能力。这在一定条件下会导致车辆间形成一定的、有序的自组织结构。车辆对订阅者相遇概率的计算,要充分考虑和利用车辆交通流的这些特点,以使预测概率能够较准确地反映订阅车辆的局部动态分布,有效地提高数据的传输能力。

根据定义 4-1,车辆会通过接收的周期性 hello 消息获知邻居汽车的速度和方向。为了能

够知道邻居汽车对订阅者的预测概率,修改 hello 消息的数据记录格式为 $<\vec{v_j}, P_j>$。其中,$\vec{v_j}$ 是速度矢量,包括车辆的运动方向和运动速率 v,P_j 则表示车辆对订阅者的预测概率。$||\vec{v_j} - \vec{v_i}||$ 则是车辆 i 与邻居汽车 j 速度的欧拉距离。由于车辆交通流的自组织特性,邻域内的欧拉距离小,代表车辆的运动模式相似,这些相似运动的车辆会以一种协作的方式来选择它们共同的群体行为。因此,这些车辆也应该有类似的对订阅者的预测概率的变化趋势。反之,当邻域内的车辆速度间的欧拉距离变大时,车辆间表现出不同的运动模式,因此有着相对独立的对订阅者的预测概率的变化趋势。基于上述分析,车辆对订阅者的预测概率的变化形式将借鉴自组织映射原理,其具体计算和更新的公式如下:

$$P_i(0) = P_{int} \quad (4-1)$$

$$P_i(n+1) = P_i(n) + \sum_{k=0}^{n_{d_{ij}<R|P_i<P_j}} \eta \frac{h_{j,i}(P_j(n) - P_i(n))}{n_{d_{ij}<R|P_i<P_j}} \quad (4-2)$$

$$P_i(n+1) = P_i(n) * \alpha^{t_{age}/\Delta t} \quad (4-3)$$

式(4-1)中,$P_{int} \in (0,1)$ 是车辆对订阅者预测概率的初始化值。需要注意的是,这里假设订阅者自身的概率即式(4-2)中 $h_{j,i}$,$h_{j,i} = \exp(-||\vec{v_j} - \vec{v_i}||^2/2R^2)$ 表示拓扑领域函数,R 是窗口宽度,其大小等于车辆的无线通信距离;η 是当前学习速度因子,表示当前车辆 i 的 P_i 递增速度。$n_{d_{ij}<R|P_i<P_j}$ 表示计数操作,计算当前车辆 i 的邻居范围内满足条件 $P_i<P_j$ 的邻居汽车数,P_i 的更新周期设为 Δt。根据拓扑领域函数 $h_{j,i}$ 可知,$h_{j,i}$ 的幅度值随侧向距离 $||\vec{v_j} - \vec{v_i}||$ 的增加而单调递减。换句话说,与邻居汽车 j 的运动模式越接近,预测相遇概率的变化趋势就越一致,P_i 受 P_j 的影响程度也就越大;反之,其预测相遇概率的变化趋势就越独立,P_i 受 P_j 的影响程度也就越小。这里,采用邻居汽车的平均影响度来实现对概率值的递增变化计算,避免个别车辆节点的偶然性影响。

式(4-3)则给出了概率 P_i 的衰减趋势,其中 $\alpha \in (0,1)$ 是概率衰减因子,Δt 为衰减周期(注意:更新与衰减周期均为 Δt),t_{age} 是概率连续衰减的持续时间。由公式可知,当在一个衰减周期内,车辆 i 的邻居汽车 j 均不满足 $P_i<P_j$ 时,车辆 i 的概率按照公式(4-3)进行衰减,并且随着衰减时间的持续增长,衰减速度将会加快。这意味着,车辆已经进入了订阅者移动分布的低概率区。

(5)事件令牌的控制。

事件令牌在车载自组网中的移动和分布就是基于各车辆对订阅者的预测相遇概率来实现的。并不是所有车辆都会参与事件的转发,只有捕获了事件令牌的车辆才会成为代理,周期性地广播事件,凡在其通信范围内的事件订阅车辆均能接收到该事件消息,目的就是合理地控制事件令牌的数量,实时调度和部署令牌在 VANET 中的移动分布,将事件令牌向订阅者当前实际分布的区域转发,尽量避免令牌长期在未分布订阅车辆的区域存在,从而使事件代理的持续性广播能够有效地覆盖订阅车辆,避免无效的事件广播。

①事件令牌的转发。假设在当前代理车辆 f 的通信范围内有 N 个邻居车辆,令 $\Sigma = \{\Psi_Z\}$ 代表这 N 个节点的集合。节点 i 首先与这 N 个节点通过 hello 消息了解它们此刻各自的速度矢量 $\vec{v_i}(\theta_j, v_j)$。注意:由于车辆的运动受到道路拓扑的限制,各车辆交通流具有自组织性和自稳定能力,其运动流呈管状分布,以速率 v_i 为极径,运动方向 θ_i 辞为极角构建极坐标系。例如,在十字路口的模式下,车辆 i 的邻居集合的节点在极坐标系下的分布如图所

示。注意:直路模式下的节点分布与此类似,节点 i 直接使用速度矢量进行聚类。具体算法概括如下。

算法 4-1　速度矢量聚类算法

> Step 1. 初始化 C 个代表节点,获得初始类簇集合 $\Phi=\{U_1,U_2,\cdots,U_C\}$;
> Step 2. 对每个节点 $n_j\in\Sigma$ 计算它的速度 v_j 与每个类簇 U_i 的平均速度 $v(U_i)$ 间的欧拉距离;
> Step 3. 选择具有的最小欧拉距离 $D(U_i)=\min(v(U_i)-v_j)$,若 $D(U_i)/||v(U_i)||\leqslant\varepsilon$,则 $U_i=\{n_j\}\cup U_i$;,$n(U_i)_{new}$new $=n(U_i)_{old}+1$,否则新增一个类簇;令 $C=C+1$,$\Phi=\Phi\cup\{U_{C+1}\}$;
> Step 4. 更新类簇 U_i 的平均速度 $v(U_i)_{new}=(v(U_i)_{old}n(U_i)_{old}+v_j)/n(U_i)_{new}$,若未对所有邻居节点聚类完毕,转 Step2;
> Step 5. 返回类簇集合 $\Phi=\{U_1,U_2,\cdots,U_C\}$。

初始化代表节点时,可根据道路的交通流模式,在通信范围内的每个车流方向随机选择一个车辆作为代表节点。例如图 4-10 中的十字路口场景,节点在极坐标系下呈 4 个方向的间断或连续的管状分布,在各方向上随机选取一个代表节点,获得初始类簇集合 $\Phi=\{U_1,U_2,U_3,U_4\}$,预设确聚类阈值,$n(U_i)$ 为 U_i 的节点数。

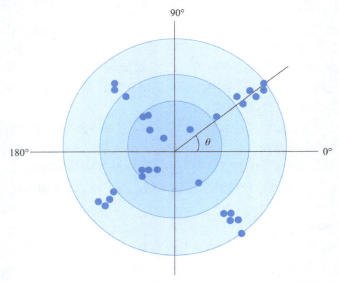

图 4-10　邻居集合的节点在极坐标系下的分布图

②令牌转发原则。令牌转发原则就是让事件代理尽可能地在订阅车辆分布区域进行有效性的广播覆盖,并使令牌尽量向订阅者高密度分布区移动,避免代理在未分布订阅车辆的区域或低密度区域内进行长期无效广播。设定转发周期为正,有以下两种情况。

第一种情况,事件代理在通知区域内。

a. 事件代理每隔 T_{int} 时间间隔,就使用算法 4-1 对邻居汽车进行聚类;

b. 代理车辆分别计算邻居范围内各车流簇的平均预测概率,并求出最大平均值 $\max(P_{avg})$;

c. 若该代理的概率 $P<\max(P_{avg})$,则选择一个与该簇运动方向相反的车辆作为新代理转发令牌。

第二种情况,事件代理在通知区域外。

a. 事件代理一旦发现自己驶离通知区域,立即将令牌转发给当前邻域内正驶向通知区域的车辆;

b. 若事件令牌超过预设的延迟容忍时间仍未进入通知区域,则当前转发车辆删除该令牌。

在第一种情况下,令牌转发的依据是车辆对订阅者的预测相遇概率。由于相遇概率是基于车辆与订阅者历史相遇频率的估计,车辆的预测概率越高,则意味着该车辆与订阅者的历史相遇频率越高。那么,令牌则应该向车辆运动的反方向传递,从而逆向追踪订阅者的移动。事件代理对邻居范围的车辆进行聚类,得到不同运动模式的车流簇,选择具有最大平均值的簇的运动反方向作为追踪参照。在 VANET 中,车辆交通流具有自稳能力,特别是在邻居汽车范围内,利用速度矢量进行聚类得到的车流簇,在一段 t 时间内具有相对的稳定性。通过计算簇的平均概率,可以有效避免个体车辆的偶然性影响,提高转发机制的可靠性。此外,当某局部区域内代理车辆过多时,未接收到事件副本的订阅者数量会快速减少,使该区域的订阅者分布密度迅速降低,造成事件代理的预测概率快速衰减。结果是代理释放令牌将其向高概率分布区转发。图 4-11 中,椭圆区域代表车流簇,事件代理 i 在其通信范围内对邻居车辆聚类(见算法 4-1),得到 A,B,C,D 这 4 个车流簇,通过计算获知簇 B 具有最大平均预测概率并且 $P_{avg|B} > P_i$,故在与簇 B 运动方向相反的簇 D 中,随机选择车辆 j 作为新的候选代理,将令牌转发给它。一旦释放令牌,车辆 i 就转变成普通车辆停止广播,而车辆 j 捕获令牌后则成为新的代理开始广播事件消息。

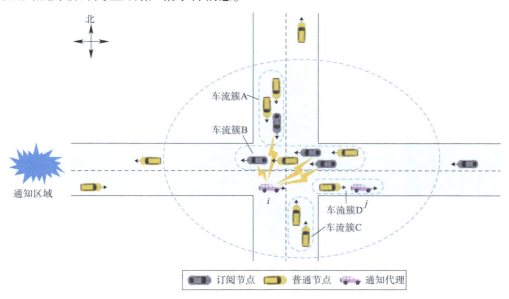

图 4-11 选择新代理转发事件令牌

在第二种情况下,事件代理一旦离开通知区域就停止广播,这样将减少区域内的代理数,降低事件广播的有效覆盖率。为了提高事件的成功传输率,需要将离开通知区域的令牌回传到区域内。由于代理的转发时间周期是 T_{int},那么令牌离开通知区域的距离一定小于 $T_{int} * v$,v 是当前携带令牌的代理车辆的速率。采用将令牌转发给当前邻域内正驶向通知区域的车辆的方法,能够有效地实现令牌的回传。为了避免在特殊情况下令牌长期游荡在通知区域外,当前代理可以通过判断令牌在区域外存在的持续时间，使用通知删除原语来删除区域外存在时间过久的令牌。

③控制事件令牌数。

根据定义4-3，只有捕获了事件令牌的车辆才能成为事件代理，对接收到的事件进行持续性地广播。一旦释放令牌，则该事件代理转变成普通车辆，停止对消息的广播扩散，故令牌的数量直接决定了事件代理的数量。过多的事件令牌会导致产生过多的事件代理，将增加网络的无效通信量。而过低的令牌数量又会使事件代理大量减少，从而导致代理车辆广播的覆盖面急剧缩小，降低了传输成功率，延长了传递延时。因此，需要对事件令牌数进行动态调整。令牌数调整原则是：一方面，通过删除冗余令牌，减少过多代理的无效广播；另一方面，增加适量令牌，提高代理的广播对订阅者当前分布区域的有效覆盖。这里提出一种利用概率预测密度控制令牌数的算法。

首先，令牌会记录在最近连续7个转发周期时段内每个周期的邻居集合中最大的概率预测值。设$\max(P_i)$为第i个转发周期，邻居车辆具有的最大概率预测值。令概率预测密度$p = \sum_i^k \max(P_i)/k$，δ为概率预测密度阈值，算法形式化描述如下。

算法4-2　概率预测密度控制令牌数的算法

在令牌的生存时间TTL内执行如下Step 1循环，否则，执行Step 8。

Step 1. 代理根据当前捕获的令牌最近k个转发周期的记录，计算概率预测密度$p = \sum_i^k \max(P_i)/k$；

Step 2. 根据p值分别进行如下操作：

如果$p > \delta$，代理触发原语notification – add()增加一个令牌向邻居汽车转发；

如果$p < \delta$且位于通知区域外，代理触发原语notification-delete()删除捕获的令牌，退出；

其他情况，执行Step3。

Step 3. 如果令牌在区域外且持续时间超过Δtolerate，代理触发原语notification-delete()删除捕获的令牌，退出；

Step 4. 当前代理在邻居范围内检测到其他事件代理的广播，代理停止广播，进入静默期，并开始记录静默持续时间，执行Step 5；

Step 5. 当静默持续时间小于Δtioleras，循环执行Step 6，否则，Step 7；

Step 6. 如果当前代理再次检测到其他事件代理的广播，代理触发原语notification-delete()删除自身捕获的令牌退出算法流程，否则，持续记录静默时间；

Step 7. 代理进入激活状态，恢复广播；

Step 8. 令牌生存时间结束，触发原语notification-delete()删除令牌

当事件的有效时间尚未终止时，代理会根据令牌的记录信息计算概率预测密度p。若p大于预设的阈值δ则代表当前令牌所在区域的订阅者分布密度较高，需要增加令牌，提高广播覆盖率（图4-9）。而对令牌的删除则需要考虑以下4种情况。

a. 若p小于阈值δ且捕获该令牌的代理位于通知区域以外，则表示令牌从订阅者低密度分布区进入了无效区域，需要删除令牌（图4-9）。否则保持现状，避免在通知区域内删除过多令牌。

b. 若令牌在通知区域外存在的时间超过了预设的延迟容忍时间,则当前事件代理删除该令牌,避免令牌在无效区域内长期游荡。

c. 当代理在邻居范围内检测到其他同类代理时,也会删除自身捕获的令牌,避免在同一个邻域内存在冗余的令牌(图 4-9)。需要注意的是,为了不删除过多令牌,邻域内各代理将采用两次握手确认机制,以保证该邻域内至少存在一个令牌。具体描述如下:当代理接收到其他代理的直接广播时,立即进入静默期,停止广播。这里,设静默期的最长持续时间等于 $\Delta t_{\text{tolerance}}$。若在静默持续期内再次接收到其他代理的广播,则当前代理删除自身令牌;若超过静默期的最大持续时间仍未再次收到其他代理的广播,则当前代理恢复广播。

d. 若事件有效时间终止,则令牌生存时间结束,删除令牌。

在图 4-12 所示的城市街道中,由于突发的事故而引起局部的交通拥塞。

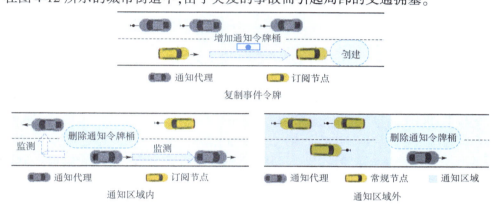

图 4-12 复制事件和删除事件令牌

4.2.2 车路协同多车场景下的信道特征

所有的无线通信技术研究都离不开基础的无线信道测量工作,信道测量得到的实测数据是后期信道特性分析和模型验证改进的基石。车-车无线信道与传统蜂窝信道不同,对于低延时高可靠性的要求更高,其研究内容主要围绕着信号频率、测量环境以及周围车辆对信道的影响等方面进行的。

在车-车无线通信的研究当中,不同的频段有着不同优势,学者们对于不同的频段都进行了大量的研究。比较常见的研究频段在 2.3GHz、5GHz、5.2GHz、5.3GHz、5.7GHz 等,主要进行了车-车无线信道的测量与研究。尽管各个频段下都有其独特的优势,但是随着研究的深入,主流的还是采用了 5.8GHz 到 5.9GHz 作为车-车通信的主要研究频段,因为该波段具有抗干扰能量强以及传输速率高等特点。因此,在后续的研究过程中,多数学者都在 5.8GHz 以及 5.9GHz 频段下对信道进行实际测量,并且基于实测信道的数据对该频段下的信道特性进行了分析以及建模的研究。信道特性的研究与信道模型的建立都需要对其运用的场景进行具体的分类,不同场景下的环境各不相同,周围的建筑物、植被、存在大型车辆以及不同的交通密度,都会对信道产生一定的影响。在不同的环境下,无线电波的传播情况也各不相同。因此,针对不同的场景都需要进行实际车-车无线通信信道的测量。

4.2.2.1 经典场景信道特征

经典的车-车通信场景主要包括公路、城市、郊区、乡村这四个大类,这是车-车无线通信最为常见的行车环境。因此,早期许多学者对于车-车无线信道的研究都是基于这几个场景下实际测量得到的数据:对芬兰奥卢城市环境下的单入多出信道进行了实际测量,并依据实际测量结果分析了其信道特性;对瑞典隆德高速公路的场景下的 V2V 多入多出信道进行了测量,并且根据测量结果给出了基于几何的随机信道模型。

除了对单一经典场景的 V2V 信道进行测量,研究者还针对不同场景下的信道特性进行了对比分析:针对公路和城市的 V2V 场景进行了实际测量,并主要分析了其多普勒和相干时间;选择了公路和乡村两个典型的 V2V 环境,通过双斜率模型对这两个环境下的路径损耗进行了建模研究;对德国城区、乡村、公路三个场景下的 V2V 信道进行了测量,获取了实测数据并对比分析了三个场景下的传播特性;进行了 5.3GHz 频段下的校园、城区、郊区、公路等 V2V 场景下通过多入多出的测量系统对信道进行测量,并且基于测量结果对其振幅衰落分布进行了分析。

4.2.2.2 特殊场景信道特征

除了对经典场景研究之外,研究者对于较为常见的、较为容易发生交通事故的特殊场景,例如路口环境、隧道场景、桥梁环境以及车库环境都进行了 V2V 信道研究。对四个典型地上停车库进行了 V2V 测量并根据测量数据进行了信道特性分析。在芬兰的塔皮奥拉两个郊区环境下进行了两车同向通过十字路口后分开、反向经过十字路口、接收端车辆静止而发射端车辆通过十字路的累计三次测量,并对比了三种情况下小尺度信道特性的不同。专门对隧道内的车-车通信信道特性进行了研究,并对比分析了其与开放的露天环境下车-车信道特性的不同之处。根据 ETSI 所划分的特定应用场景,进行了多测量,包括十字路口、视距障碍(Obstruction Line-of-Sigh,OLOS)的公路、乡村合并车道、交通拥堵情况、隧道场景以及桥梁环境。这些测量场景都是智能交通系统中重要的应用场景,并且通过测量数据着重分析了功率时延分布、均方根时延扩展以及多普勒时延扩展、莱斯 K 因子的相关信道特性。

4.2.2.3 基于尺度信道特征研究

除了从不同的 V2V 场景上对信道进行了研究以外,研究者还对许多不同的 V2V 信道特性了分析,主要分为大尺度衰落的研究以及小尺度衰落研究。

大尺度衰落研究主要包括路径损耗以及阴影衰落两部分,小尺度衰落主要包括功率时延分布、时延扩展、多普勒频移、振幅衰落分布等。

对于大尺度路径损耗的研究主要是对其模型的研究,一般较为常见的车-车通信环境下路径损耗模型有单斜率模型以及双斜率模型,还有部分学者对于这种经典的模型进行了改进。

为了更好地对无线信道模型进行更加全面的研究,欧盟组织针对频率范围在 2GHz ~ 6GHz、最大带宽为 100MHz 的信道,给出了 WINNER II 的标准文件。文件中主要对路径损耗模型的研究,面向城市的微蜂窝、宏蜂窝和室内以及室内-室外等 15 个场景,给出了相应的路径损耗模型。其中给出了三种较为常见的路径损耗模型,即单斜率模型、双斜率分段线性模型、两径损耗模型。提出了一种基于双斜率分段线性模型以及两径路径损耗模型的改进模型,基于郊区的实际测量结果对该模型进行了验证,发现在小于 100m 的范围之内该模型能够很好地适应。其中还给出了德国城区、郊区、公路三种情况下的路径损耗模型,发现了郊区以及公路环境下的路径损耗符合两径损耗模型,城区环境下的路径损耗模型符合单斜率模型。

对于小尺度特性方面,基于城区、郊区、公路、乡村四个典型场景的测量数据对通信系统设计的方面进行了研究,主要分析了时延扩展以及多普勒扩展的相关统计特性以及时变特性,进而分析其对传输可靠性的影响。

而在小尺度振幅衰落分布方面,在非视距(non-Line-of-Sight,NLOS)情况下服从瑞利分布,在无线信道中如果存在一个直射径分量即主静态信号分量,就是在视距(Line-of-Sight,LOS)情况下其小尺度振幅衰落分布服从莱斯分布。此外,常见的分布还有韦伯分布以及Nakagami 分布。

对于 V2V 无线信道来说,时延和多普勒频移是一个很重要的研究内容。对于车-车通信来说,接收端和发射端都安装在车上,车体处于高速运动。高速移动往往会导致更大的多普勒频移,时延扩展会导致符号间的干扰。

研究表明,均方根时延扩展和均方根多普勒扩展符合简单双峰高斯混合模型,并且在有大型障碍物或者是视距受阻以及周围有更多金属反射体的情况下,将会导致更高的均方根时延扩展,多普勒分量也主要是来源于光滑的反射体。研究者对时间选择性衰落以及频率选择性衰落进行了研究,主要对莱斯分布中重要莱斯 K 因子进行了研究。

4.2.2.4　基于障碍物对信道特征

另外,由于车-车无线通信是时变信道,很多研究专门研究障碍物对于车-车无线信道的影响。把卡车作为障碍物进行了实际的测量,研究结果表明把卡车作为障碍物会引起平均大约 9~13dB 的额外损耗。进一步对于城区以及公路环境下,分别把卡车和货车作为障碍物进行了对比研究,分析了其均方根时延以及阴影衰落的具体影响。其研究结果表明,由卡车作为障碍物会引起额外的损耗约为 6.75~9.33dB,而把货车作为障碍物将会引起 3.38~7.26dB 的额外损耗。

4.2.2.5　信道特征的功率时延分析

在车-车无线信道的传播环境当中,除了有空气还有周围的许多障碍物,这会形成反射、绕射以及散射等现象。而这些现象会使得电磁波存在众多的传播路径,并且经过每条路径传输后的幅度、延迟、每条路径在发射机所处的发射方向以及在接收机所处的到达方向都不同。这些不同的分量场在接收端叠加起来对原始信号产生的影响就叫作多径效应,是导致小尺度衰落的主要原因。信道的小尺度传播特性对于无线通信系统的设计以及设备制造和通信协议的制定都有着十分重要的意义。信道小尺度特性主要从能量域、时域、频域以及小尺度振幅衰落四个方面进行研究。接收端接收到的多径信号彼此间进行相互干扰即存在时间上的差异,多径分量相比于原信号存在时延扩展,从而引起时域色散,并且,由于两车及车辆与障碍物之间具有相对速度,这会导致多普勒效应。

本章主要分析两个测量场景下的功率时延分布(Power Delay Profile,PDP)、时延扩展的整体变化。对于多普勒效应,进行时延多普勒谱的分析,对于小尺度振幅衰落分布进行最优分布拟合,分析韦伯分布的参数以及莱斯信道中莱斯 K 因子的变化。

广义平稳非相关散射假设一般情况都是用信道冲击响应来描述无线信道,而信道冲击响应常常都是随时间变化的。无线传输信道是一个时变系统,这对于信道的分析与刻画是十分复杂的。因此,稳态过程对于无线信道的分析极为重要。稳态过程又分为狭义平稳和广义平稳。狭义平稳是指任意阶的衰落统计量都不随时间变化,但是在实际问题中,不能确定其 n 阶是否稳定。因此，在研究无线信道时，一般情况下会引入广义平稳假设和非相关散射假设，并且基于这两个假设成立广义平稳非相关散射模型。在广义平稳的前提下，其自相关函数变量与变量 t 时间无关，只取决于时间差值 Δt，即：

$$E[X(t)X(t+\Delta t)] = R_x(\Delta t) \tag{4-4}$$

在实际情况中，广义平稳不可能对所有的任意时刻 t 都满足。因此，广义平稳的典型情况是指直径约为 10λ 的区域内是满足，这就可以定义有限时间内的准静态。在这一段时间内，信道的统计特性没有明显的变化。另外，许多的实际研究结果表明，在移动衰落信道中，只要移动单元所覆盖的距离在几十个波长之内，那么，就可以认为信道是广义平稳的。因此在研究当中，将 10 设为信道研究的窗函数值。另一个非相关散射是指具有不同时延的贡献是不相关的。在多径传播信道中，如果一个多径分量不包含其他时延的另一个多径分量的任何相位信息，那么，就可以认为满足非相关散射条件。

功率时延分布能够很好地描述不同多径分量在不同时延上的功率分布。基于广义平稳非相关散射的假设条件，信道的冲击响应 $h(t,\tau)$ 可以描述为：

$$h(t,\tau) = \sum a_i(t)\delta(\tau - \tau_i) \tag{4-5}$$

式中，i 表示的是第 i 条路径，a_i 表示第 i 条路径分量的复数增益，τ_i 表示第 i 条路径的时延。

功率时延分布可以通过对信道的冲击响应 $h(t,\tau)$ 进行平方求值而得到。

$$P(t,\tau) = |h(t,\tau)|^2 = \sum |a_i(t)|^2 \delta(t - \tau_i) \tag{4-6}$$

为了能够更直观地描述每条路径时延以及能量信息，t 时刻平均功率时延分布（Averaged Power Delay Profile，APDP）可以从下式得到：

$$APDP(t,\tau) = \frac{1}{N}\sum_{n=0}^{N-1} P(t+n\Delta t,\tau) \tag{4-7}$$

N 表示的是每一个窗（0.508m）的 chirp 信号的个数，而 Δt 表示的是每个相邻的 chirp 信号之间的时间间隔，其值为 517μs。

4.2.3 动态自组网的关键任务调度与路由技术

车辆自组织网络（VANETs）是车联网在组网形式范畴上的名称，其相较于移动自组织网络（MANETs），都是采用节点间多跳传输的通信模式。因由移动车辆作为网络节点，其有两点特性：

(1) 节点移动速度快，网络拓扑变化频繁，自组织形成的多跳连接稳定性差，服务质量难以保障；

(2) 车辆节点只能沿道路行驶，故数据包传输也只能在道路方向上前进。

传统 MANETs 路由算法如 AODV、GPSR，均无法有效适应 VANETs 环境。

一种基于交叉路口的分层路由机制在城市 VANETs 路由中展现出良好的适应性，其工作原理为：在路口间道路上数据包向目标路口方向多跳传输，到达后再根据具体情况选择下一条道路，整个路由被抽象为两层，上层为连续的交叉路口序列，下层为相邻路口间道路上的中继车辆节点序列。

4.2.3.1 VANETs 路由机制

目前，关于道路上路由算法的研究基本上都是基于贪婪路由算法的改良。例如，提出了一种限时携带贪婪前传广播的方法,以提高路径传输概率,通过设计"节点关联强度"准则和"节点传送能力"标准,以此选取下一跳中继节点。但是,由于实际环境中节点间相对位置变化频繁,当网络数据量较大时,往往个别节点负载较重,从而导致延迟时间变长,甚至丢包。以城市快速路为研究背景,考虑处于自由流状态时,单体车辆的驾驶信息可以用来预测其未来道路上的位置,以此可以获取整条道路上的车辆分布情况。借助遗传算法选取最佳源路由多跳节点序列,达到统一调配、平衡网络资源、提高数据包传输率、减少控制信息数据量的效果。

城市快速路或主干道无行人横穿通过,车辆出入口少,交叉路口间道路较长。在此环境中,当车流量较小时,车辆行驶处于自由流状态,即单体车辆行驶与其他车辆几乎无互相干扰,车辆速度为自由流速度 v。一般来讲,单体车辆的自由流速度服从正态分布,由驾驶人在此类相同或相似道路环境中的驾驶习惯决定。拟定单体车辆平时对自身自由流速度 v 及平均加速度 a 进行采集,并按照不同类型道路分类计算自由流速度均值 μ 和方差 σ^2。在基于交叉路口的 VANETs 路由机制中,路口服务节点扮演着路由道路选择的决策者身份,其可为路边固定设施,也可为处于路口范围内的移动车辆,如图 4-13 所示。在设计中,服务节点维护一张经过此路口的车辆信息记录表,其具体字段信息如图 4-14 所示。当每辆车辆经过路口,进入下一条道路时,将打包记录时间 t、单体驾驶信息和前后所在道路等信息在信标中进行广播发送。当服务节点接收到后,便会为此车辆建立 1 条新记录存于自身信息表为。同时,为了去除失效记录,即已驶离下条道路的车辆,以便减少计算量,服务节点为每条记录设置生存时间(TTL)字段,当 TTL 减少到 0 后,服务节点则会删除此条记录。

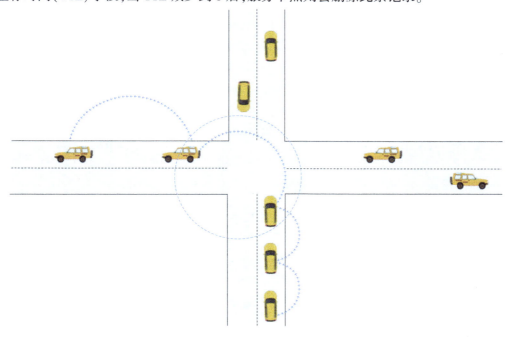

图 4-13　基于路口的 VANETs 路由机制

车联网关键任务调度和路由可针对不同业务优先级,将通信网络划分成多个不同通信需求的子网络。不同敏感度的任务数据在预先分配好的子网络上进行通信,通过网络切片进行区分。高敏感性任务数据,例如车辆事故、道路塌方等,可通过资源预留来保证及时调度和响应,确保时间敏感的通信交互需求得到满足。

路口车辆信息记录			
车辆ID	上一道路ID		下一道路ID
速度	位置	时间	加速度
自由流速度均值	自由流速度方差	传输距离	TTL

图 4-14　车辆统计信息示例

4.2.3.2　构建车路多子群系统时空基准架构

多维多尺度车路协同数据的时空统一配准借鉴经典的时空地理信息系统 GIS-T 中的"多维线性参考系统"(Multi-Dimensional Linear Referencing System,MDLRS)。首先构建城市基础道路及其基础设施数据 Rd = {Rgeo, Rtopo, Rse} 的分层管理数据仓库,将道路系统中的几何数据、拓扑链接、交通语义信息进行逻辑化抽象表达。然后,针对多源异构交通信息,建立单个智能单元的多维多尺度位置序列,在地址文本空间赋值和空间位置信息的几何变换、多智能子群系统线性参考位置数据的地理空间坐标转换、线性以及 GIS 参考系统定位与转换三个方面进行地理参考系统和线性参考系统的转换。从 MDLRS 中的历史描述、时间参考、空间位置序列,构建动静态一体化、时空一体化、几何拓扑一体化的统一时空基准。

4.2.3.3　优化配置动态自组网络

针对移动车联网场景的动态自组网与路由策略在协议栈上层,优化配置动态自组网络。车辆在行驶过程中,通过车载终端、路侧终端形成分簇结构的无线自组织网络,参与形成"自组网-通信基站-云端"的三层系统网络架构。第一层自组网,簇中节点由车辆编队后与路侧终端共同组成(图 4-2),以直通通信方式降低时延。簇内节点利用自身计算和存储能力对通信帧进行语义处理,实现簇内各智能单元间的行为交互。为减少链路资源占用,每簇由簇头节点通过随机多址方式接入基站。在正交与非正交随机多址接入的混合模式下,接入终端个数 N 的期望值为:

$$E(N) = \sum_{i=1}^{n_{\max}} q_i \left(1 - \frac{1}{N_{p_i}}\right)^{\frac{q_i}{i}-1}(1 - P_{f_i}) \quad (4\text{-}8)$$

其中,E 为数学期望,$n_{\max}$ 是非正交接入负载用户的最大值,q_i 表示正交接入时发送前导序列的终端数量,N_{p_i} 是正交接入分配的前导序列数量,P_{f_i} 为对失败的概率。

车辆高速移动性使自组网拓扑动态变化,导致组网需要大量通信开销和传输时延。针对车路协同场景,可对车辆轨迹和速度预估,预判自组网拓扑变化,通过基站协同降低动态拓扑的影响。此外,车辆也可提前规划信息传递路由寻址策略,以减少传输时延。

4.2.4　基于失效机理的大规模抗干扰信息传输技术

针对车路协同多车场景的无线通信信道进行特性研究与建模,车辆移动、信号反射与号牌遮挡等因素导致通信过程中大多普勒频移、快时变、深衰落、空-时-频非平稳等。这些因素会损伤车路协同系统中的通信质量,严重时会中断通信,使整个系统失效。结合理论计算与仿真验证,基于失效机理构建车路协同系统信号传播的快时变性、空-时-频非平稳性、高速移动多径效应、信道老化分析与预测等多尺度衰落信道模型。可采用 Nakagamim 分布模型:

$$p(\gamma) = \frac{1}{\Gamma(m)} \left(\frac{m}{\bar{\gamma}}\right)^m * \gamma^{m-1} \exp\left(-\frac{m\gamma}{\bar{\gamma}}\right) \tag{4-9}$$

或 Weibull 分布模型:

$$p(\gamma) = \beta \Gamma\left(1+\frac{1}{\beta}\right)\left(\frac{1}{\bar{\gamma}}\right)^{\beta-1} * \exp\left(\left(\Gamma\left(1+\frac{1}{\beta}\right)\frac{\gamma}{\bar{\gamma}}\right)^\beta\right) \tag{4-10}$$

其中,$p(\gamma)$ 为信噪比 γ 的概率密度函数,$\bar{\gamma}$ 为平均信噪比,$\Gamma()$ 是 Gamma 函数,m 和 β 分别为 Nakagami-m 和 Weibull 分布衰落参数。

使用多天线、多频段对抗海量接入带来的信道干扰。在物理层,利用多天线技术提高多车终端密集接入场景下系统抗噪声和抗干扰性能,并进一步提高通信速率,在有效性和可靠性形成理想折中。V2X 频谱资源有限,还存在强电磁干扰,构成了系统容量瓶颈,可通过引入毫米波以及可见光频段的通信技术,缓解通信资源的稀缺性。

4.2.4.1 直接序列扩频通信技术

扩频通信技术是信息传输的一种有效方式,其信号占据的频带宽度要远远大于所传信息用到的最小宽带。频带展宽依靠编码、调制方法来完成,与信息传输没有关系,在接收端口只需用相同扩频编码即可恢复信息数据。长期以来,人们在如何让频谱变窄上进行了大量研究,以实现频谱资源利用率的最大化。其目的在于保证通信安全,提升通信系统的抗干扰性。扩频通信以其抗干扰性、抗多径性能等优势被广泛应用于军事通信中,大大提升了通信系统的抗干扰能力。所以,扩频通信成了首选方案,同时扩频通信的抗干扰、抗侦破性能加大了干扰方的困难。

直接序列扩频通信系统(Direct Sequence Spread System,DSSS)是目前应用较为广泛的扩频通信系统。DSSS 是将要发送的信息用伪随机序列扩展到一个很宽的频带上去,而在接收端使用与发射端扩展使用的同样伪随机序列来解扩接收到的扩频信号,恢复出原始的信息。

通过对 DSSS 原理的研究可以了解到,在扩频系统中,扩频信号在完成载波调制后发送信息。DSSS 的调制方式可以分为如下几种。

(1)二相相移键控(Binary Phase Shift Keying,BPSK),它是扩频系统中最常用的一种调制方式。

(2)四相相移键控(Quadrature Phase Shift Keying,QPSK),它是目前最常用的一种卫星数字信号调制方式。

(3)偏移四相相移键控(Offset,QPSK),它是 QPSK 的改进型。

一般情况下,直扩信号干扰可以分为压制式干扰和欺骗式干扰。压制式干扰包括窄带噪声干扰、单音和多音干扰、脉冲干扰、梳状谱干扰等。欺骗式干扰指发射或者转发在幅度、频率或者相位上做了调制的脉冲波或连续波信号,以扰乱或欺骗敌方的接收机,使其得到虚假信息,做出错误的判断,其特点是干扰信号和目标信号具有某些相似的特性。欺骗型干扰可以分为仿真欺骗和模拟欺骗。模拟欺骗包括各种语音调制(AM,FM,SSB)、数字调制(2ASK,2PSK,QPSK 等)及扩频的调制(BPSK-DS)。

4.2.4.2 扩频码

扩频码在直扩通信系统中占据重要地位,它对系统抗多径干扰、抗干扰能力有着重要影响。同样,扩频码对信息数据隐蔽性、安全性起到了重要作用。伪随机码序列是一种常见的扩频码,其是看似随机但却具有周期规律性的二进制序列,如若在序列发送中受到随机性加扰,接收机则无法完成初始数据的恢复。与短伪码序列相比,长伪码序列的抗干扰力更强,即便是采取波形重合也无法形成干扰。所以采取长伪码序列可以有效提升直扩序列系统的抗干扰性。

4.2.4.3 自适应滤波器

自适应滤波器是一个空间数字滤波器,其以干扰来波方向调整加权系数,进而达到抑制干扰、提升期望信号的目的。基于扩频信号具有宽频带的特征,对于出现的强窄带可以有效地识别,由此会对窄带干扰、其他单频干扰系统造成一定的影响。这一情况可以采用自适应滤波器优化。窄带干扰的估计和抑制在扩频信号解扩之前完成。多进制高效直扩技术是基于一组扩频序列多个比特信息码开展扩频的技术,其具有扩频序列长度一定、速率一定的优点,可以实现扩大信息传输量。另外,在信息量一定、伪码序列速率稳定的时候,扩频处理增益会提升、抗干扰能力会更强。例如美军采取的JTIDS系统,就是集多进制、跳频、跳对于一体的通信体制,直扩码长32位,每32伪码代表5bit信息。而多进制直扩的实现,对伪随机码序列提出了一定的要求(足够长、足够多)。

此外,直扩、跳频混合技术是一种综合性扩频技术,它可以达到很大的处理增益,可以提升通信系统的抗干扰力,可以有效解决多径效应、同台干扰等许多实际问题。扩频通信技术自身的优点使其成为日后通信的主流,而直接序列扩频通信作为扩频通信系统的一个有效方式,在抗干扰性方面发挥着重要作用。

4.3 车载融合通信技术

车载环境下的通信由于其环境特殊性,主要以中、短程无线通信为主。通过车路协同传递的信息内容一般分为安全相关和非安全相关两种。前者主要包括了碰撞预警、紧急呼救、紧急路况等与人车安全相关的、要求实时收发的数据内容;后者则包括了交通诱导、车辆优先、路况提醒等改善交通效率的信息,以及其他文本、图片甚至音视频等侧重娱乐体验的非紧急数据信息。其中,与安全相关的数据收发频率一般在1~10Hz,考虑到驾驶人反应时间,通信延迟一般要求小于100ms。非安全相关数据收发频率一般小于1Hz,通信延迟一般要求小于500ms。

从实际应用来看,随着车载娱乐设施的丰富,车路协同仍以安全相关应用为主,娱乐应用为辅。由于车辆处于移动状态,无论V2V还是V2I,网络拓扑经常发生变化。因此,目前车路协同应用的通信数据量并不大,而对通信延迟有较高要求。

在车路协同概念出来之前,车载环境下的无线通信技术研究就已经开展。RFID、FM调频、红外、433、蓝牙、UWB等几种常见的无线通信技术均有过车载通信应用,但最终由于成本、易用性、连接时间、通信速率、通信距离、通信延迟、组网难度等因素未能发展壮大。目前,常见的几种用于车路协同通信技术的主要有移动通信网络、Wi-Fi、DSRC、ZigBee等。

4.3.1　车联网络与车载网络融合组网技术

环境感知在自动驾驶系统中起着重要作用。现有的自动驾驶系统通常利用车载相机、激光雷达、毫米波雷达等传感器感知周围环境,通过车载边缘计算实现多源异构传感器数据融合,从而实现对周围环境的识别和理解,进而实现自动驾驶。但道路交通是一个非常复杂的大型系统,交通环境瞬息万变,仅使用单车有限的传感器是无法实现道路交通的全域感知,无法满足汽车实时理解动态交通环境的需求。借助路侧感知和车联网实现车路多端感知信息融合应运而生。

路侧感知目的是使用路端数字基础设施辅助车端感知,实现车端多传感器的补盲,并将路端传感器和车端传感器多源信息进行融合来感知更大范围的交通环境,使自动驾驶能适应极端的天气和复杂的混合交通,以实现更安全高效的自动驾驶。国内如商汤科技已研发使用激光雷达在路边卡口实现路侧感知的嵌入式解决方案,正在推进获得整个路口全息信息的方案。国外如 Manabu Tsukada 等人描述了一种路边感知单元(roadside perception unit,RSPU),其将传感器和 RSU 结合,用于基础架构的协作感知,并提出一个名为 AutoC2X 的软件,实现 RSPU 和车辆的协同感知。Abhishek Jandial 等人研究在交叉路口、环形交叉路口、盲区和上坡等复杂道路部分安装路侧智能基础设施(RSI)为自动驾驶感知和决策进行辅助,使用 ETSI 规范下的集体感知信息传输路侧传感器数据。用 79GHz 毫米波雷达作为路侧传感器以感知混合车流和行人,同时研究行人的动作预测和碰撞预测,为自动驾驶提供路侧感知信息。路侧边缘计算实验平台,保证可靠的多源数据收集、数据存储和高效的数据处理,用于构建复杂的交通基础设施多源数据融合的系统框架,混合 V2X 网络中的不同来源不同类型的数据融合,建立高效实用的数据融合信任系统。用于 C-V2X 隧道厂家的基于 IMU 和路侧雷达数据的融合定位系统,借助路侧感知实现物联网汽车的高精度定位。

然而,当前车路协同的通信以及组网在应对密集车辆的海量接入场景时还有不足之处。

(1)当车辆数目增多时,突发状况的风险性也会上升。这些突发状况若与常规数据一同传输,如果遇到信道拥塞或者干扰的情况,会对整个车路互联系统造成影响。

(2)密集车辆情况下非常容易引发通信链路上拥塞。海量节点之间共同竞争信道资源,传统的信道接入方式难以调配如此庞大的节点,从而导致通信时延的急剧增加,甚至导致链路中断。

(3)海量接入会带来巨大的通信数据量,同时会对云端的计算资源产生非常大的负担,使得云端难以对其及时处理并做出反馈,因此需要边缘节点对数据先进行预处理。针对密集车辆的场景所带来的问题,学术界以及产业界都进行了积极的探索。

可以利用非正交多址接入(Non-Orthogonal Multiple Access,NOMA)的技术来应对海量接入的需求,数据率的拥塞进行控制来提升通信的可靠性。动态虚拟蜂窝技术,来对接入的车辆进行资源管理。在边缘节点的数据处理方面,协同 MEC 辅助 C-V2X 的联合计算与通信资源调度策略,在满足超高可靠超低时延的同时,使得网络的联合功耗最优。大数据技术和深度学习技术对资源调度的合理调度以及动态部署进行优化。

4.3.2　车载融合网关技术

车载网关的主要作用是在车辆内部总线网络和车辆调度管理平台之间提供安全的无缝

通信,即为车辆内部总线网络和外界的外部网络之间架起一座桥梁。

(1) 接口要求。

车载时间敏感网络网关必须满足下述接口要求:应支持符合 IEEE 802.3-2015 协议的 10/100/1000Mbit/s 自适应以太接口;传输介质宜根据应用场景选择 100Base-T4、100Base-TX 及 100Base-FX、1000Base-SX、1000Base-LX 中的至少一种。

(2) 管理接口要求。

车载时间敏感网络网关必须满足下述管理接口要求:应至少提供一个带外管理接口,支持 RS232 串口或者以太网接口作为管理接口;应支持业务端口作为带内管理接口使用。

(3) 时钟源功能要求。

车载时间敏感网络网关按照下述要求实现时钟源功能:应支持 gPTP 广义精确时钟同步协议(IEEE 802.1AS);支持本地时钟源和 TOD 时钟源两种时钟源,并且支持针对 TOD 时钟源配置时间等级与时间精度;可作为主时钟设备的时间敏感网络网关宜具有时间信息输入接口,并支持连接不限于授时型 GPS/北斗卫星、IRIG-B 时间统一码信息或网络时钟;应采用 TAI 作为时间刻度基准,时间记录步长精度应不大于 40ns。

(4) 时钟同步机制要求。

车载时间敏感网络网关按照下述要求实现时钟同步机制:应支持发送、接收并识别 Announce 报文中的时钟优先级、时钟等级、时钟精度等参数,支持通过 BMCA 算法动态选举最优时钟;具备通过事件消息报文及通用消息报文进行频率同步、延时测量及时钟同步计算的能力。

(5) 下行队列流量调度要求。

车载时间敏感网络网关应支持 IEEE 802.1Qbv 的门控调度机制对下行队列进行流量调度,具体要求如下:支持通过配置同时对每一队列门控进行打开和关闭;当队列处于关闭状态时,进入该队列的报文应存放在缓冲区,不应进入发送端口;当队列处于打开状态时,进入该队列的报文应正常发送;单一时序之最小单位应为微毫秒等级。

(6) 流过滤和监管机制。

车载时间敏感网络网关应支持 IEEE 802.1Qci 规定的流过滤和监管机制,具体要求如下:应支持 IEEE802.1CB 规定的数据流标识功能;支持 IEEE 802.1Qci 规定的流分类和测量、队列帧、流门控制状态机功能,实现对数据流的流过滤和监管的功能;支持 IEEE802.1Qci 规定的对接收端口的流过滤和监管的配置。网关宜支持多种通信技术,以增强设备和网络的交互通信。为了增强通信接口的功能,要求网关能够根据特定服务要求选择通信技术。

(7) 下发策略和控制信息。

支持 TSN CNC 通过向接口下发策略和控制信息;支持 Openflow 等控制协议,与网络控制器建立控制协议连接;支持资源信息的上报,包括但不限于转发节点端口、拓扑资源等;支持通过网络控制器进行 TSN 配置的下发,包括但不限于 IEEE 802.1Qci、IEEE 802.1Qbv。

(8) 网络管理协议。

车载时间敏感网络网关应支持网络管理协议:应符合 YD/T 1099—2013 第 11 章所规定的简单网络管理协议、团体表格及管理信息库相关内容实现相关管理功能;应支持网络配置协议 IETF RFC6241 中规定的 NETCONF 协议,并实现 NETCONF 所有操作及 YANG 模型。

第 5 章
智能网联汽车网络仿真与试验验证系统

5.1　车载网络仿真与试验验证系统

现阶段，面对更加复杂的功能需求，车载智能计算平台通常采取新型电子电气架构，以域控制器（Domain Control Unit, DCU）为核心，集成车辆电子控制单元（Electronic Control Unit, ECU）、车载摄像头、超声波雷达、毫米波雷达、OBU 等智能电子终端以及相关软件。但外部环境的复杂性、不可预知性以及系统本身的稳定性，都给车载智能计算平台的安全带来了巨大的挑战。因此，在产品落地前需要对其进行大量测试，保障其在各种环境、状态及突发事件下都能够正常运行。

在实际测试中，传统的以整车功能性能验证为主的测试评价方式已经越来越无法满足智能化车辆测试验证的要求。实际路测成本高昂、效率低下，仿真测试具有较大优势。一方面，仿真测试成本低，通过软件可构建复杂多样的虚拟交通场景，且具有很高的重复性和自动化程度，易于发现和定位问题，提高了测试效率；另一方面，一些实际路测中难以实现的极限工况或偶然事件可以仿真模拟，极大扩展了测试的覆盖范围。此外，仿真测试可以在车辆上路前尽量减少错误，一定程度上提高了实际路测的安全性。仿真测试符合当前 V 型开发模式理念，使测试验证贯穿车载智能计算平台开发周期，使系统在快速开发迭代的情况下保证验证的充分性，极大地提高了研发效率，降低了研发成本。

通常，车载智能计算平台仿真测评包括三个层面：对系统算法和软件进行测试验证，即软件在环（Software in-the Loop, SIL）仿真测试；对系统软硬件进行半实物仿真测试，即硬件在环（Hardware in-the-Loop, HIL）仿真测试；在车辆实际道路测试前，对装配了系统的整车进行仿真测试，即整车在环（Vehicle in-the-Loop, VIL）仿真测试。

5.1.1　软件在环

软件在环可对车载智能系统算法和软件进行闭环仿真测试，覆盖底层软件算法及上层应用软件等，实现对车载智能计算平台的感知、定位、规划、控制等功能的仿真测试验证。软件在环通常采用场景模拟仿真，验证系统在特定场景下能否正确应对。对于软件在环而言，关键技术和模块主要包括场景构建和生成、传感器模拟、车辆动力学模拟、事件监测和判定。

（1）场景构建和生成。

测试场景的构建是仿真测试的重要环节，其多样性、覆盖性和典型性将极大影响测试结果。场景构建要包括道路、交通设施等在内的静态场景以及场景的天气、光照等因素。由于仿真场景的复杂多变，人工手动建模很难满足大批量场景搭建的需求，因此，通常通过高精度地图自动生成静态道路场景。除静态道路场景模拟外，更重要的是模拟复杂场景下的障碍物和交通参与者行为，实现动态场景仿真。动态场景可以描述为一个场景下各种障碍物及其组件的行为组合。根据不同类型的需求，障碍物通常可以分为静态障碍物、固定轨迹障碍物及带有限定智能行为的障碍物。

（2）传感器模拟。

传感器是车载智能计算平台中感知世界的工具，是支持智能驾驶的重要功能组件。传感器模拟能将大部分智能驾驶车端系统功能模块并入闭环，实现更完整全面的测试验证。传感器仿真通常是对其实时数据进行模拟。主流传感器主要包含激光雷达、超声波雷达、摄像头及惯性测量单元（Inertial Measurement Unit，IMU）。

在仿真过程中，需优化仿真器，使其能够实现实时数据输出。相较于传统仿真器仅支持离线模拟的特性，实时系统具有更高的效率和更好的用户体验，所见即所得。

（3）车辆动力学模拟

车辆动力学仿真模拟方案在业界较为成熟，可以沿用经典的内燃机模型和轮胎模型，以 API 的形式提供多种车辆操控方式。

（4）事件监测和判定。

在大规模仿真测试中，使用人工监视大量车辆的行为十分困难。因此，仿真测试需要具备车辆行为监测功能，自动监视目标测试系统行为是否符合预期。在总结大量实地场景测试及仿真测试经验的基础上，可以抽象出一批通用系统测试结果判定条件，从而形成完整的行为监测功能。但由于测试系统判定条件会随着用户需求不断增加，该功能需要具有高可扩展性，同时要避免功能耦合，将每一种被抽象出来的行为监视组件作为一个独立的逻辑实体，逻辑实体之间不相关且监视条件严格正交。在这种情况下，可以提高行为监视组件添加与移除的便捷性，降低系统负担，提高需求响应速度。

5.1.2 硬件在环

硬件在环是通过实时处理器运行仿真模型来模拟受控对象，可以同时支持硬件、底层软件和应用层软件的仿真测试。从安全性、可行性和成本合理性三方面考虑，硬件在环已成为自动驾驶整车开发流程中非常重要的一环，在检验检测中也将发挥重要作用。硬件在环主要内容包括：仿真系统将真实或虚拟的传感数字信号输入到域控制器中；域控制器进行规划和控制计算，输出线控信号；仿真系统接收线控信号后更新虚拟车辆状态和仿真结果，并将仿真结果反馈至域控制器。

硬件在环关键技术是对传感器的仿真。现今多传感器融合是车载智能计算平台主流方案之一，既可以是同类型多个传感器融合，也可以是不同类型的传感器融合。

（1）摄像头仿真。摄像头仿真通常有两种实现方式，一是利用真实视频在视频暗箱中播放给真实摄像头；二是通过摄像头射频注入模块直接将交通场景图像信息传输给图像处理单元，代替真实摄像头检测交通场景。

（2）毫米波雷达仿真。毫米波雷达仿真主要通过空馈方式把接收的射频信号进行下变频处理后传递给厘米波分系统，按照系统注入的目标参数实时进行距离模拟、速度模拟和

RCS模拟,并把模拟信号传递给毫米波分系统的上变频模块。经上变频后,实时生成相应的目标仿真回波,再发送给车用毫米波雷达。

(3) 超声波雷达仿真。采用超声波回波模拟设备(超声波测试盒),将真实超声波传感器与声音换能器布置在其中。障碍物的距离信息由仿真软件发送到声音换能器,声音换能器形成的超声波由超声波传感器传递到控制单元。

(4) 激光雷达仿真。由于很难实现对真实激光雷达环境的仿真,因此,通常在交通仿真场景中设定理想激光雷达,并设置真实参数,配置交通仿真场景中静态和动态交通参与者表面的吸收率和反射率,同时配置交通仿真环境中的环境数据,使得理想激光雷达输出更贴合在真实交通环境中检测到的点云数据。此外,由于车辆网联化程度的加深,对于V2X信号的仿真也成为重要的技术分支。

5.1.3 整车在环

整车在环主要应用于驾驶辅助系统ADAS复杂功能测试验证,其目的是整合虚拟仿真技术与常规道路试验,以实现克服已知传统实车道路测试的局限。整车在环测试中,一辆真车将被"嵌入"至一个虚拟交通环境中(包含交通场景、交通标志、道路等)。与实际路测相比,整车在环极大地节约了成本,降低了测试风险,增强了测试的复现性,在硬件在环基础上提高了被测控制器测试结果的精确度,弥补了实际路测与硬件在环测试之间的差距。此外,整车在环还可复用软件在环和硬件在环测试的测试场景。

(1) 整车在环主要内容。仿真系统构建虚拟环境,输入真实车辆智能计算平台,车辆探测到虚拟障碍物后将相关信息传递给控制器;控制器进行分析决策后制定控制策略,实现车辆转向、制动等操作。

(2) 整车在环测试系统。整车在环测试系统分为虚拟仿真和实物部分。其中,虚拟仿真设备包含上位机、实时仿真器等。实物部分包含被测车辆的摄像头、超声波传感器、毫米波雷达等传感器和驾驶操作的接口适配单元。

(3) 整车在环分类。就场地而言,整车在环可以分为两类:封闭试验场整车在环和暗室转鼓整车在环。封闭试验场可实现测试车辆横、纵向极限场景测试,但在做高速试验时对场地尺寸要求较高,因此,封闭试验场整车在环主要用于中低速极限场景测试;高速纵向极限场景可在暗室转鼓整车在环中实现。此外,暗室转鼓整车在环仿真测试可以模拟交通极端拥堵条件下高密度V2X通信环境、城市峡谷等通信信号多径传输环境、高速条件下通信信号的多普勒频移等特殊的极限通信环境。这些场景几乎不可能在室外进行模拟,一方面,大部分智能网联汽车相关试验频率均受国家无线电频谱管理部门的管控,禁止随意向自由空间发射;另一方面,向自由空间泄漏的电磁波会对实际电磁环境产生污染,影响正常工作的设备的使用安全。

在智能网联车辆算法研发、系统测试和安全验证三个测试阶段中,仿真已成为必不可少的手段,这已是国内外业界的共识。目前,国内外也在陆续开展利用仿真方式进行车辆检验检测的试验,并已开展标准法规的预研工作。除仿真手段的革新外,场景数据库的设计也是仿真测试的重中之重。传统基于路测数据、现有事故数据库和人工创建的有限场景测试方式已远远不能满足使用要求,如何创建一个具有高度覆盖率的场景数据库、快速产生大量适用性强的新场景将是一个持续的课题。

5.1.4 车载网络仿真系统

车载网络仿真系统,包括车载网络仿真组件库模块、网络拓扑构建模块、仿真协议构建模块、仿真程序运行与管理模块、仿真结果分析与展示模块。其中,车载网络仿真组件库模块用于从车载网络仿真组件库中调取网络仿真协议组件和仿真设备组件;网络拓扑构建模块用于根据仿真驾驶场景和车载网络仿真数据流量模型选择网络仿真协议组件、仿真设备组件构建网络拓扑;仿真协议构建模块用于构建和管理网络仿真协议组件和设备组件;仿真程序运行与管理模块用于调度仿真事件;仿真结果分析与展示模块用于统计并显示仿真结果。通过本技术方案,可以对无人驾驶汽车的网络进行仿真,从而降低无人驾驶汽车开发中的成本和风险。

(1)车载网络仿真组件库模块。

车载网络仿真组件库模块中存储有已支持的网络协议组件和仿真设备组件,并且每一个网络协议组件和仿真设备组件都有唯一的 ID 号。通过网络协议查询接口可以查询仿真组件库内已支持的网络协议组件和仿真设备组件。如果查到,则直接调取该网络协议组件或仿真设备组件的 ID 号;如果没有查到,说明该网络协议组件或仿真设备组件不在该仿真组件库内,则可以将该网络协议组件或仿真设备组件纳入需求计划,通知用户开发网络协议或仿真设备,待开发完成测试通过后纳入仿真组件库。具体实施时,仿真组件库中的网络协议组件或仿真设备组件处于动态变化中,需要根据实际需要动态增加新的网络协议组件或设备组件。其中,仿真设备组件包括车载传感器设备组件、车载网络设备组件等。

无人驾驶车辆中对于传感器设备有重要需求,主要传感器设备包括激光雷达、毫米波雷达、超声波雷达、高清摄像头、环视摄像头、惯性导航、GPS 等设备,车载网络设备组件包括交换机、网关设备,当然也可以是和交换机组成网络的各种设备。在本实施例中车载网络设备组件为车载 TSN 交换机。这些不同功能、不同厂家的传感器设备作为无人驾驶系统的数据采集端,有海量的实时数据经过车载网络系统,需要一种统一的流量模型便于仿真各个传感器设备产生的数据流的性能。

(2)网络拓扑构建模块。

网络拓扑图是分析车载网络结构最为常用的一种方法,在网关设计过程中,搭建网络拓扑图不仅可以明确设计思路,指导数据库的建立及程序设计,同时还能为后期的测试和修改提供参考。网络拓扑构建模块用于根据无人驾驶场景需求、选择的网络仿真协议组件、车载传感器设备组件、车载网络设备组件等,结合网络仿真数据流量模型,构建网络拓扑和网络初始信息,生成对应的网络拓扑图和配置文件。

(3)仿真协议构建模块。

仿真协议构建模块主要用来构建和管理车载网络协议组件和仿真设备组件等。根据仿真业务需求开发相应的仿真业务功能模块,主要实现的协议包括基于传统以太网的组件模块,基于 IEEE 802.1Q 标准的时间敏感网络模块,例如,IEEE 802.1As、IEEE 802.1Qbv、IEEE 802.1Qbu。对于已经实现的协议,直接纳入仿真协议组件库中,未实现的协议则按照需求开发新的协议功能模块测试完成后,纳入仿真协议库组件中。

仿真协议构建模块包括数据发送模块和数据接收处理模块。其中,数据发送模块包括随机发生器模块和仿真时钟模块,随机发生器模块用于产生周期性的随机数据流,仿真时钟模块用于给数据发送模块和数据接收处理模块计时;数据接收处理模块(也称为仿真交换机模块)包括数据帧接收模块、路由表模块、算法调用接口模块、门控管理子模块。其中,数据帧接收模块用于接收数据,路由表模块用于记录 MAC 地址或端口号,用来判断当前接收的数据是否与当前记录的 MAC 地址或端口号匹配,对于与 MAC 地址或端口号匹配的数据发送到指定的端口,对于和 MAC 地址或端口号不匹配的数据则广播出去。算法调用接口模块用于调度并执行算法。门控管理模块包括门控列表,门控管理模块读取门控列表中的数据并根据门控列表的信息进行门控操作。

下面以 IEEE 802.1Qbv 协议模块实现为例,来描述具体的实现方法:

①数据发送模块通过随机发生器模块构建数据发生器,根据时间表发送周期性的随机数据流,仿真时钟模块同时开始计时;

②数据接收处理模块中的数据帧接收模块接收 Talker 设备发出的附加 IEEE 802.1Q 信息的数据帧;

③数据接收处理模块中的路由表子模块来判断目的 MAC 地址或端口号是否在本交换机 MAC 表中,如果是则根据 MAC 表中记录的对应接口将数据帧发送出去,最终完成数据发送。

(4)仿真程序运行与管理模块。

第一步,从车载网络仿真组件库中调取网络仿真协议组件和仿真设备组件;

第二步,根据车辆驾驶场景构建网络拓扑;

第三步,构建网络拓扑结构,利用车载网络仿真数据流量模型,给仿真设备组件配置参数,构建网络拓扑结构;

第四步,启动仿真程序生成仿真结果,利用网络性能评估模型评价仿真结果,使用户能够根据车辆的场景进行仿真,使仿真结果更贴近实际情况。

进一步地,若能够调取到网络协议组件和仿真设备组件,则直接调取该网络协议组件和仿真设备组件各自的 ID 号,如果调取不到,则发出增加网络协议组件和/或仿真设备组件的通知。对无人驾驶场景需求中未在仿真组件库中找到的组件,自动纳入开发计划,待开发测试完成后即可添加到组件库中,增强了仿真系统的灵活性。

(5)仿真结果分析与展示模块。

仿真结果分析与展示可以使用户更直观地获取仿真结果,以便用户针对开发方案进行改进。车载网络仿真数据流量模型主要指标包括流量源设备信息、流量目的设备信息、流量类型、流量优先级、帧载荷、端到端平均时延、端到端最大时延、抖动、流量带宽、信道带宽利用率等。该流量模型具有良好通用性,适用于所有无人驾驶传感器设备以及相关网络设备,尤其对于时间敏感网络场景下所有协议的通用性。由于无人驾驶,尤其 L3(根据业内对非自动驾驶与自动驾驶的分级体系,L3 被定义为有条件的自动化,级别越高,自动化驾驶的智能程度越高)及以上级别无人驾驶对于网络及时性、可靠性,以及安全性等性能要求十分严苛,通过车载网络仿真数据流量模型参数进行网络性能综合评估,分析评估了网络传输的时延、抖动、丢包率、带宽利用率等指标,从而为无人驾驶汽车的设计提供依据。

5.2 车联网络仿真与试验验证系统

5.2.1 自动驾驶车辆精细化仿真技术

在实际道路中,车辆驾驶环境复杂多变,无法构建所有可能的车辆工况与环境信息。为了降低测试成本,提高测试效率,通过在虚拟环境中构建车辆模型结合实际数据进行车辆仿真。

(1)仿真平台将提供数据接口及模块化的车辆模型选择,通过在 CPU 与 GPU 的混合超算实验平台上部署以进行并行计算和大规模仿真测试,以对多场景多任务进行实时仿真,为车辆在复杂路况下的感知和决策提供仿真支撑。

(2)城市道路协同控制的综合交通测试。在实验测试中,将对实验设备进行安装与调试,在车端安装激光雷达、双目相机、GPS、IMU 等自动驾驶相关设备,在路端搭建智慧灯杆、流量监测等设备,以及车车交互通信设备、车路交互通信设备,为实验环境提供硬件基础。

(3)面向车路协同的综合评价体系将从车路协同入手,分析车路协同系统关键指标中的定位误差、通信延迟、渗透率等在仿真中的运行机制,并从路口、路段、路网几个层面选取通信能力、感知能力、决策能力等指标进行承载性能、稳定性能、最大并发、感知距离等评价。

以自动驾驶为核心,以数字基础设施辅助,建立了"智能群组"概念,研究动态自组网技术、车路协同状态下的车群自组织、混合交通流下交叉口等典型应用的基础理论与关键技术,并开展实车与仿真测试。

5.2.2 车联网络仿真系统

车联网络仿真系统提供了一种节约场地设施、无须搭建复杂仪器设备,成本低、应用灵活,效率高的车路协同 V2I 测试系统及其方法。车路协同 V2I 仿真测试系统包括:场景虚拟仿真系统、驾驶模拟器、RSU 模拟设备、待测 OBU、数据处理单元,如图 5-1 所示。

(1)场景虚拟仿真系统。

场景虚拟仿真系统包括场景数据库和参数设置单元。驾驶模拟器包括场景计算单元、路径规划单元、场景显示单元、信号传送单元,GPS 模拟器;RSU 模拟设备包括主机和射频单元。待测 OBU 包括 GPS 组件、车辆数据存储器、WLAN 卡、以太网接口。数据处理单元包括数据存储器和数据分析系统。主机至射频单元单向连接,射频单元通过无线与 WLAN 卡双向连接,WLAN 卡与车辆数据存储器双向连接,GPS 组件至车辆数据存储器单向连接,车辆数据存储器与以太网接口双向连接,以太网接口与信号传送单元通过以太网双向连接,信号传送单元至主机通过以太网单向连接,场景数据库、参数设置单元、场景计算单元、路径规划单元、场景显示单元依次单向连接,路径规划单元与信号传送单元双向连接,路径规划单元至 GPS 模拟器单向连接,GPS 模拟器至 GPS 组件通过无线单向连接,参数设置单元至主机通过以太网单向连接。

场景虚拟仿真系统用于产生模拟测试场景所需的数据,根据选择的测试场景,虚拟仿真系统从场景数据库中读取该场景的模型数据,模型数据包括路侧单元 RSU 初始数据、道路状况数据、行人数据,参数设置单元接收到模型数据后,生成相应的道路、环境、路侧单元 RSU 的参数,通过千兆以太网分别将 RSU 初始数据传输给 RSU 模拟设备,将道路、环境、路侧单元数据传输给驾驶模拟器,场景数据库包括 V2I 车路协同场景,用于模拟绿波车速引导、前方拥堵提醒、道路危险状况提示、限速标志提示、施工标志提示、闯红灯预警、盲区行人穿越预警、匝道车辆汇入预警场景。

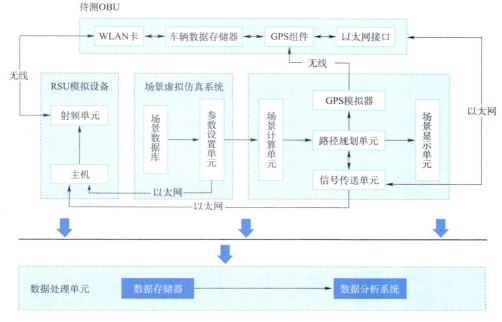

图 5-1　车路协同 V2I 仿真系统结构图

（2）驾驶模拟器。

驾驶模拟器用于计算车辆行驶状态、实时显示模拟的驾驶场景。根据场景虚拟仿真系统传送的数据,场景计算单元生成测试车辆所处的道路、环境、路侧设备数据,以及车辆初始的位置、速度和方向信息。路径规划单元计算测试车辆的行驶路径,并实时更新测试车辆的速度、位置、前进方向数据,同时产生并更新 RSU 数据。路径规划单元结合当前 RSU 数据、车辆状态数据,当判断待测车辆存在潜在的交通危险状况时,重新规划路径,调整测试车辆的速度和前进方向,GPS 模拟器根据路径规划单元产生的测试车辆位置数据,生成模拟 GPS 高精度定位信号,并发送给待测 OBU 的 GPS 组件,信号传送单元通过以太网将路径规划单元产生的测试车辆速度和行驶方向数据传送给待测 OBU,将 RSU 实时数据发送给 RSU 模拟设备。场景显示单元依据路径规划单元产生的实时数据和场景数据库,从测试车辆观察角度在显示屏上显示前方道路虚拟场景,并实时更新。

（3）RSU 模拟设备。

RSU 模拟设备用于和待测 OBU 通信,主机根据场景虚拟仿真系统传送的 RSU 初始数据以及路径规划单元产生的 RSU 数据,生成模拟场景中路侧单元的实时数据,并对射频单元配置信道和频率,射频单元以无线传输方式广播 RSU 信息,并与测试车辆车载终端 OBU 进行通信。

(4)待测 OBU。

待测 OBU 为测试车辆所携带的 OBU 设备,通过 WLAN 卡以无线传输方式向 RSU 模拟器实时发送车辆速度、位置、方向信息。待测 OBU 从千兆以太网接口接收由信号传送单元发送的实时速度、位置、前进方向数据,同时经过千兆以太网接口向信号传送单元发送接收到的 RSU 信息,并传给路径规划单元。数据存储器捕获并存储 RSU 模拟设备广播的 RSU 信息,以及存储待测 OBU 发送给 RSU 模拟设备的实时状态数据,数据分析系统用于分析模拟场景测试中生成的数据,评估待测 OBU 通信性能。

(5)数据处理单元。

数据处理单元捕获并存储 RSU 模拟设备广播的 RSU 信息以及存储待测 OBU 发送给 RSU 模拟设备的实时状态数据,供数据分析系统用于分析模拟场景测试中生成的数据,评估待测 OBU 通信性能。

5.2.3 车联网络仿真系统仿真流程

车路协同 V2I 仿真测试流程如图 5-2 所示。

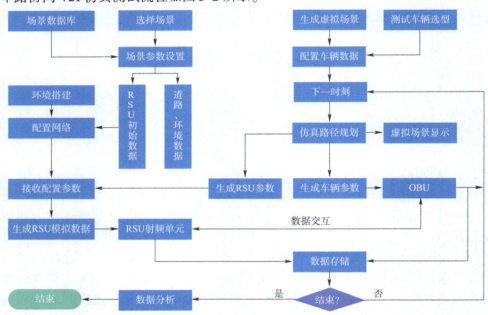

图 5-2 车路协同 V2I 仿真测试流程图

(1)场景虚拟仿真系统根据所选择的测试场景,读取场景数据库中对应场景的模型数据,包括路侧单元 RSU 初始数据、道路状况、环境、行人数据;

(2)参数设置单元生成道路、环境、行人、路侧单元 RSU 参数,通过以太网分别将 RSU 数据传输给 RSU 模拟设备,将道路、环境、行人数据传输给驾驶模拟器;

(3)驾驶模拟器中场景计算单元依据测试车辆所处的道路、环境、行人数据生成虚拟场景,根据测试车辆选型生成测试车辆的长、宽、高数据,以及车辆初始的位置、速度和方向参数,场景显示单元从测试车辆观察角度显示前方道路、行人、环境场景信号传送单元信息。通过有线方式将道路、环境、行人数据传送给 RSU 模拟设备,将测试车辆长、宽、高数据,初始位置、速度和方向参数传送给待测 OBU；

（4）驾驶模拟器中路径规划单元依据场景模型和初始数据，产生测试车辆的行驶路径，实时更新测试车辆的速度、位置、前进方向数据，信号传送单元 2 通过有线方式将实时车辆状态数据发送给待测 OBU，同时路径规划单元产生并更新 RSU 数据，并通过信号传送单元以有线方式传送给 RSU 模拟设备，RSU 模拟设备和待测 OBU 实时获得并不断更新状态数据；

（5）RSU 模拟设备和待测 OBU 进行信息交互，射频单元以无线传输方式广播 RSU 信息，待测 OBU 接收到 RSU 信息后，通过千兆以太网接口向信号传送单元发送 RSU 信息，并传给路径规划单元，当路径规划单元根据 RSU 信息和测试车辆当前位置、速度、方向需做出驾驶预警时，改变测试车辆位置、速度、方向，并由信号传送单元传给待测 OBU，待测 OBU 将测试车辆的速度、位置、方向信息发送给 RSU 模拟设备；

（6）数据存储器捕获并存储 RSU 模拟设备广播的 RSU 信息，以及存储待测 OBU 发送给 RSU 模拟设备的实时状态数据，数据分析系统分析模拟场景测试中生成的数据，评估待测 OBU 通信性能。

5.2.4　车联网络仿真系统仿真示例

以前方拥堵提示测试场景为例，说明车路协同 V2I 仿真测试系统和仿真测试方法的实现过程。前方拥堵提示测试场景如图 5-3 所示，测试道路为至少包含一条车道的长直道，并于该路段安装路侧单元 RSU，路侧单元 RSU 通过摄像头检测该道路拥堵情况，并向周围车辆广播道路拥堵情况。测试车辆沿测试路线行驶，接近路侧单元，在距离路侧单元 RSU100m 前，车速至少为 30km/h。当测试车辆与路侧单元距离不足 100m 时，车载单元 OBU 根据接收到的路侧单元 RSU 广播的前方拥堵提示信息，经过处理后，提示驾驶人将进入前方拥堵路段，测试车辆减速慢行。测试车辆通过该场景测试的要求包括：

①测试车辆正确判断车辆前方道路是否有交通拥堵；

②若前方道路存在交通拥堵，测试车辆减速慢行，与拥堵区域之间的距离至少为 3m。

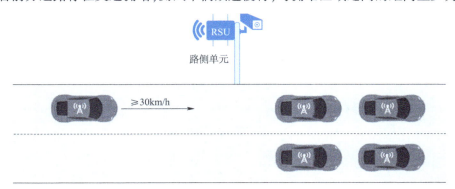

图 5-3　前方拥堵提示测试场景

选择该场景，开展车路协同 V2I 仿真测试，步骤如下。

步骤 1，仿真测试系统各个模块完成参数初始化配置，选择前方拥堵提示测试场景，并输入测试系统。场景虚拟仿真系统根据所选择的测试场景，读取场景数据库中前方拥堵提示测试场景的模型数据，包括测试车辆车牌号、初始位置、速度、方向，路侧单元 RSU 编号、位置,测试道路以及周边环境、拥堵路段初始位子和范围、拥堵车辆等参数。测试道路包含2条车道的长直道,前方路段安装路侧单元RSU,道路两侧布置树木、路灯、楼房等,前方路段有较多缓慢行驶的车辆。测试车辆初始速度为30km/h,到路侧单元RSU的距离为100m。

步骤2,参数设置单元生成道路、环境、拥堵车辆、拥堵路段数据并传输给驾驶模拟器。参数设置单元生成相应的道路拥堵信息,道路拥堵信息包括拥堵路段起点的经度、纬度、海拔,终点的经度、纬度、海拔数据,以及拥堵的类型。

步骤3,驾驶模拟器中场景计算单元生成前方拥堵虚拟场景,并根据测试车辆选型生成测试车辆的长、宽、高数据,依据车辆初始的位置、速度和方向参数模拟测试车辆行驶状态。场景显示单元从测试车辆观察角度显示前方车道、环境、拥堵场景,模拟仪表盘显示测试车辆当前速度。信号传送单元通过以太网将道路拥堵信息传送给RSU模拟设备,将测试车辆长、宽、高数据,初始位置、速度和方向参数传送给待测OBU。

步骤4,驾驶模拟器中路径规划单元依据高精度地图数据和场景模型数据,产生测试车辆的行驶路径,实时更新测试车辆的速度、位置、前进方向等数据,同时规划前方拥堵车辆行驶状态,更新道路拥堵信息。场景显示单元同步更新并显示场景。信号传送单元通过以太网将测试车辆实时状态数据发送给待测OBU。同时,路径规划单元通过信号传送单元以以太网将道路拥堵信息传送给RSU模拟设备。由此,RSU模拟设备和待测OBU实时获得并不断更新状态数据。在拥堵提示之前,测试车辆的速度和方向不变。

步骤5,RSU模拟设备和待测OBU进行信息交互。射频单元以无线传输方式广播道路拥堵信息。待测OBU接收RSU信息,将道路拥堵信息和自身状态信息发送给路径规划单元,由路径规划单元计算测试车辆距离拥堵路段距离,相应改变测试车辆行驶速度。待测OBU将测试车辆的速度、位置、方向等信息发送给RSU模拟设备。RSU模拟设备和待测OBU信息交互的内容见表5-1。

前方拥堵提示RSU和OBU交互信息　　　　表5-1

发送方	数据		参数	接收方
RSU	静态数据	设备ID		待测OBU
		高精度位置	经纬度,海拔	
	动态数据	拥堵起点位置	经纬度,海拔	
		拥堵终点位置	经纬度,海拔	
		拥堵类型		
待测OBU	静态数据	设备ID		RSU
		车牌号		
		高精度位置	经纬度,海拔	
	动态数据	车速	10~80km/h	
		与拥堵区域的相对距离	3~300m	

步骤6,当路径规划单元计算得到测试车辆距离拥堵路段的距离少于50m时,提示测试车辆减速,路径规划单元将测试车辆速度逐渐降低,并在距离拥堵路段3m前测试车辆停止。当拥堵路段前移时,测试车辆启动缓慢行驶,与拥堵路段起点始终保持3m以上距离,直到测

试结束。其间，数据存储器捕获并存储 RSU 模拟设备 3 广播的 RSU 信息，以及存储待测 OBU 发送给 RSU 模拟设备的实时状态数据。数据分析系统分析模拟场景测试中生成的数据，评估待测 OBU 通信性能。

自动驾驶车辆测试验证能够检验车路协同可靠性，是保证驾驶安全的重要环节。由于实车测试成本较高，目前的研究多聚焦于通过仿真来完成基于车路协同的自动驾驶车辆测试。

目前，车辆仿真平台主要考虑到单车的动力学仿真或传统的交通流仿真，比较常见的商业仿真软件主要包括 CarSim、Vissim、SUMO 等。其中，CarSim 涉及车辆动力学层面的仿真，通过提供虚拟的仿真平台，设置不同路况、环境等因素，分析不同结构的车辆在行驶过程中的动力学特性，对于单车而言，该种仿真具有较大意义，从微观层面上对车辆的行驶过程产生解释，便于生成合适的控制策略。Vissim 侧重于交通流仿真，通过预设交通场景，将车辆看作交通流的组成部分，从宏观上研究不同环境下的交通控制策略。SUMO 结合上述两种软件的优点，通过模拟由单个车辆组成的交通流来预测其在给定路网中的移动轨迹，但对车辆间的交互建模较为简单。

针对具有 V2X 功能的自动驾驶汽车构成的智能群组仿真，需要对混行交通系统进行形式化定义。研究智能体的需求表达机制。

（1）基于时空资源需求博弈的交叉口群协同优化保持车辆智能群组的编队弦稳定性。基于时空资源的需求博弈理论，建立路权申请机制和数字基础设施辅助路权仲裁机制，实现车辆智能群组的交叉口群协同优化。聚焦于利用车端、路端的融合感知信息，建立全感知信息下自动驾驶汽车运动规划模型，进行交叉口通行协调方法和 M 群决策与群控制理论研究，实现绿色出行。多尺度全域感知条件下，车辆智能子群形成后的弦稳定性，智能群组对时空资源的需求博弈规则，道路数字基础设施的仲裁机制，实现车辆智能群组在多交叉口路网中的协同优化。

（2）时间敏感的群元素可靠交互及失效机理研究开展大规模时间敏感移动自组网机制与策略研究，包括干扰信道特性研究与建模、大规模多址抗干扰传输、时间敏感无线自组网策略、基于语义层次的通信帧处理与封装、关键任务调度与路由机制等，优化适用于城市密集交通的自动驾驶车路协同的低延迟和高可靠自适应协作通信与组网方案。针对车路协同多车场景下，群元素交互的时间敏感特性、可靠性及稳定性，设计大规模移动自组网，提供低延迟/高可靠通信组网能力，提高车路协同系统通信层的有效性和鲁棒性，实现面向上层的可靠性服务提供。

（3）车路多子群融合下的多尺度全域感知仿真。车路多子群系统时空基准架构，融合多源交通时空数据的交通信息提取与预测，实现交通场景多尺度全域感知。针对车路协同获取的多维多尺度移动智能体时空感知数据和基础交通拓扑数据，设计多源异构车路协同感知数据的时空基准架构方法，研究多源时空数据的无人驾驶交通信息提取与预测方法。

基于自动驾驶车辆精细化仿真技术，完成虚实结合的自动驾驶车辆协同控制实证与测试基于自动驾驶车辆精细化仿真技术，在仿真平台搭建车辆动力学模型，并结合实际道路场景为自动驾驶车辆协同控制提供实证与测试环境，同时，提出一种面向车路协同的综合评价体系，以提高车辆的行车安全性和交通的通行效率。将建立自动驾驶车辆精细化仿真平台和实车综合交通测试场景，并在上述支撑条件的基础上形成一套完整的综合评价体系。

参考文献

[1] 肖广兵.车载网络技术[M].北京:电子工业出版社,2016.

[2] 曾磊.TSN 帧抢占及循环队列调度研究[D].西安:西安电子科技大学,2020.

[3] 李珂.时间敏感网络交换调度机制研究与实现[D].西安:西安电子科技大学,2019.

[4] 赵子玄.面向异步流量整形器的调度机制设计与实现[D].北京:北京交通大学,2021.

[5] 张彤,冯佳琦,马延滢,等.时间敏感网络流量调度综述[J].计算机研究与发展,2021.

[6] 朱海龙,严园园.TSN 网络中时钟同步可靠性提升方法[J].北京邮电大学学报,2021,44(02):20-25.

[7] 张政.车载以太网 DoIP 技术研究[J].时代汽车,2021(01):14-15.

[8] 李志涛.车载以太网的研究与分析[J].汽车电器,2018(03):9-12.

[9] 符丹丹,赵杰,美少楠,等.基于商用车的车载以太网通信技术应用[J].汽车电器,2021(07):34-35+39.

[10] 李志涛.车载以太网物理层测试的研究与分析[J].汽车电器,2019(12):69-72.

[11] 鲁勋豪.基于 SOME/IP 协议的车载以太网摄像头模块研究与设计[D].重庆:重庆邮电大学,2019.

[12] 赵颖慧,白杨,赵聪聪.车载以太网 SOME/IP 在信息娱乐系统的应用[J].汽车文摘,2020(04):31-34.

[13] http://www.ieee802.org/3/1TPCESG/public/BroadR_Reach_Automotive_Spec_V3.0.pdf

[14] 徐磊.航空电子系统中订阅发布机制的研究与实现[D].成都:电子科技大学,2014.

[15] 王良民,刘晓龙,李春晓,等.5G 车联网展望[J].网络与信息安全学报,2016,2(06):1-12.

[16] 肖遥,刘会衡,程晓红.车联网关键技术及其发展趋势与挑战[J].通信技术,2021,54(01):1-8.

[17] 浅析车联网中的无线通信技术应用[EB/OL].[2022.01.10].https://www.fx361.com/page/2016/1101/300133.shtml.

[18] 兰琛.车联网专用短程通信和定位技术的研究与应用[D].杭州:浙江大学,2014.

[19] 杜水荣,刘咏平,罗瑞发.中国主动式 VS 欧洲被动式——电子不停车收费应用中的 DSRC 技术标准比较[J].中国交通信息产业,2006,12:71-73.

[20] 焦萍萍.5G 车联网架构及其应用研究[J].软件,2021,42(01):38-40+70.

[21] 张敏.基于 5G 的车联网组网技术研究[D].南京:南京邮电大学,2020.

[22] 和福建,田晓笛,王长园.车联网发展现状及趋势研究[J].中国汽车,2019(04):55-58.

[23] 刘琪,洪高风,邱佳慧,等.基于 5G 的车联网体系架构及其应用研究[J].移动通信,2019,43(11):57-64.

[24] 佚名.车路协同应用场景分析[EB/OL].(2021.07.18)[2021.12.20].http://www.360doc.com/content/21/0718/10/39540953_987133905.shtml.

[25] 孙博伦.LTE-V2X 车联网 PC5 接口碰撞避免机制研究[D].北京:北京交通大学,2020.

[26] 温小然,王亚坤,习一凡,等.蜂窝车联网(C-V2X)演进技术研究[J].移动通信,2021,45(6):52-57.
[27] 中国移动研究院.5G车联网需求与技术白皮书[R/OL].2021.
[28] 吴迎笑,朱凯男,刘云涛,等.NR-V2X Sidelink关键技术研究[J].无线电通信技术,2021,47(02):154-162.
[29] 王昊.基于LTE-V2X的交叉口环境下智能网联汽车协同驾驶的研究与实现[D].北京:北京邮电大学,2020.
[30] 佚名.车联网技术应用场景各个领域方向(大方向分析)[EB/OL].(2022.01.10) https://blog.csdn.net/weixin_55761679/article/details/122418617.
[31] 杜思剑.LTE-V2X系统同步技术研究[D].成都:电子科技大学,2018.
[32] 沈霞.5G V2X关键技术及标准进展[J].信息通信技术与政策,2019(08):11-16.
[33] Garcia M,Molina–Galan A,Boban M,et al. A Tutorial on 5G NR V2X Communications[J]. IEEE Communications Surveys & Tutorials,2021,3(23),1972-2026.
[34] Ali Z,Lagén S,Giupponi L,et al. 3GPP NR V2X Mode 2:Overview,Models and System–Level Evaluation[J]. IEEE Access,2021,9,89554-89579.
[35] 彭艺,赵东风,周正中,等.分布式无线令牌环接入技术在无线自组网中的应用研究[J].电子与信息学报,2005(4):629-633.
[36] 吴磊,刘明,王晓敏,等.移动分布感知的车载自组网络数据分发[J].软件学报,2011,22(07):1580-1596.
[37] 吴磊.无线自组织网络中的路由技术相关问题研究[D].成都:电子科技大学,2010.
[38] 刘文杰,刘丙利.车辆自组网络动态负载均衡AODV路由协议[J].计算机工程与设计,2017,38(08):2048-2052.
[39] 蔡震,梁满贵.基于遗传算法的道路车辆自组织网络源路由机制[J].交通运输系统工程与信息,2019,19(04):43-49.
[40] 陶桦,冯富琴,肖鹏,等.基于运行轨迹特征分析的车辆自组织网路由算法[J].通信学报,2016,37(06):144-153.
[41] 罗龙,胡凯文,盛丽,等.基于鱼群优化的车载自组织网络路由算法[J].电子科技大学学报,202150(04):488-495.
[42] 董伟伟.车辆自组织网络中内容分发机制与路由协议研究[D].西安:西安电子科技大学,2017.
[43] 张杰.C-V2X与智能车路协同技术的深度融合[J].中兴通信技术,2020,26(01):19-24.
[44] 易振国.车路协同实验测试系统及安全控制技术研究[D].吉林:吉林大学,2011.
[45] 罗贵阳.车路协同环境下通信资源调度方法研究[D].北京:北京邮电大学,2020.
[46] 刘泰宇.基于车路协同的自动驾驶决策方法的设计与实现[D].北京:北京邮电大学,2020.
[47] 胡芳亿.面向车路协同的边缘计算任务卸载研究[D].大连:大连理工大学,2021.
[48] 方芳,兰琛,范全放,等.几种常见车路协同通信技术的比较研究[C]//第十一届中国智能交通年会大会论文集.2016:1028-1033.

［49］舒选豪.两种十字路口场景下车-车通信信道特性分析与建模［D］.武汉:武汉理工大学,2019.

［50］马旭攀.基于车路协同的低成本超车策略与辅助系统研究［D］.西安:长安大学,2017.

［51］樊瑶,褚燕利.基于多传感器融合的智能车路协同仿真系统［J］.公路,2014,59(10):189-193.

［52］林磊,郭铸,罗方旋,等.车载网络控制系统自动化仿真测试平台［J］.装备制造技术,2019(4):96-99.

［53］胡林,唐岚,李亚,等.基于 CANoe 的车载网关系统仿真及分析［J］.农业装备与车辆工程,2020,58(02):35-39.

［54］郭宇晴,姚丹亚,张毅,等.从集群智能角度分析协同驾驶:综述和展望［J］.控制理论与应用,2021,38(7):12.